SCHÜLER-LERNKRIMI
LATEIN

Der Feuerteufel von Rom

Story: Anemone Fesl
Übersetzung und Übungen: Daniela Niemann

Compact Verlag

Bisher sind in dieser Reihe erschienen:
- Compact Schüler-Lernkrimi Englisch
- Compact Schüler-Lernkrimi Französisch
- Compact Schüler-Lernkrimi Latein
- Compact Schüler-Lernkrimi Deutsch: Grammatik
- Compact Schüler-Lernkrimi Mathematik

In der Reihe Lernkrimi sind erschienen:
- Compact Lernkrimi Englisch: Grundwortschatz, Aufbauwortschatz, Grammatik, Konversation
- Compact Lernkrimi Englisch GB/US: Grammatik, Konversation
- Compact Lernkrimi Business English: Wortschatz, Konversation
- Compact Lernkrimi Französisch: Grundwortschatz, Grammatik
- Compact Lernkrimi Italienisch: Grundwortschatz, Grammatik
- Compact Lernkrimi Spanisch: Grundwortschatz, Grammatik
- Compact Lernkrimi Deutsch: Grundwortschatz, Grammatik

In der Reihe Lernthriller sind erschienen:
- Compact Lernthriller Englisch: Grundwortschatz, Aufbauwortschatz, Grammatik, Konversation

In der Reihe Lernstory Mystery sind erschienen:
- Compact Lernstory Mystery Englisch: Grundwortschatz, Aufbauwortschatz

Weitere Titel sind in Vorbereitung.

Chefredaktion: Evelyn Boos
Redaktion: Iris Glahn
Fachredaktion: Anita Bischoff
Produktion: Wolfram Friedrich
Illustrationen: Sonja Heller
Titelillustration: Karl Knospe
Typographischer Entwurf: Maria Seidel
Umschlaggestaltung: Inga Koch

ISBN 3-8174-7448-2
7274482

Besuchen Sie uns im Internet: www.compactverlag.de

Vorwort

Mit dem neuen, spannenden Compact Schüler-Lernkrimi kannst du deine Lateinkenntnisse auf schnelle und einfache Weise vertiefen, auffrischen und überprüfen.

Der pfiffige Römer Lucius erleichtert das Sprachtraining mit Action und Humor. Er und seine Verfolgungsjagd durch Rom stehen im Mittelpunkt einer zusammenhängenden Story.
Der Krimi wird auf jeder Seite durch abwechslungsreiche und kurzweilige Übungen ergänzt, die das Lernen unterhaltsam und spannend machen.
Prüfe dein Latein in Lückentexten, Zuordnungs- und Übersetzungsaufgaben, in Buchstabenspielen und Kreuzworträtseln!
Dieses Sprachtraining im handlichen Format bietet mit 100 Übungen die ideale Trainingsmöglichkeit für Zwischendurch.
Schreibe die Lösungen einfach ins Buch!
Die richtigen Antworten sind in einem eigenen Lösungsteil zusammengefasst. Im Anhang steht außerdem ein Glossar, in dem die schwierigsten Wörter übersetzt sind. Diese sind im Text kursiv markiert.

Und nun kann die Spannung beginnen ...

Viel Spaß und Erfolg!

Inhalt

Story

Lucius ist 14 Jahre alt und der jüngste Sohn des geachteten Gold- und Silberschmieds Servius Marcellus. Eher klein und dicklich als groß und sportlich führt er ein gemächliches Leben inmitten des bunten Treibens in Rom. Er ist stolz darauf ein Römer zu sein und liebt seine Stadt, für deren Wohl er sein Leben lassen würde.

Eines nachts brennt das Haus gegenüber der Familie Marcellus. Zwei der Bewohner kommen bei dem Brand ums Leben. Mit dem Löschen des Feuers scheint der Fall zunächst erledigt zu sein. Allmählich verdichten sich jedoch die Gerüchte, es könnte sich um eine Brandstiftung handeln ...

Als Lucius in dem abgebrannten Haus einen Lichtstrahl erblickt und zwischen den verkohlten Balken einer verkleideten Gestalt begegnet, nimmt die Geschichte ihren Lauf. Was hat es mit der geheimnisvollen Papyrusrolle auf sich, die der maskierte Mann zwischen den Schutthaufen gesucht hat?

Lucius will dem Geheimnis auf die Schliche kommen. Quer durch das Armenviertel und die engen Gassen Roms beginnt eine wilde Verfolgungsjagd, an deren Ende sich Lucius als Gefangener in einem Mausoleum wiederfindet. In der Zwischenzeit konnte er jedoch genügend Informationen über Quintus Flavius, den Eigentümer des abgebrannten Hauses, sammeln ...

De domo ardenti

„Incendium, domine, incendium!" Servorum vocibus *scissis* aedes resonuerunt.

Lucius *statim* somno excussus est. Exsiluit e lecto et tunicam arripuit. Hercle incendium! Quanta *calamitas*! Quam celerrime cubiculo relicto in atrio parvo domus constitit. Perturbatus caliginem circumspexit. Tum oculos operuit naresque nocti praebuit. Aura sicca et gelida olebat ver et paulum ligna adusta. In via clamor hominum audiebatur.

„Veni, domine, veni *cito*!"

Übung 1: Welcher Deklination gehören folgende Wörter an: ***dominus, atrium parvum****? Dekliniere!*

Lucius *bracchio* a Nestore correpto ad ostium tractus est. Cum exirent, Lucius *perhorruit*. Domus adversa igni occupata erat! *Fumus* niger e fenestris tertii *contignationis* evolvebatur, tota domus caliginem videbatur exhalare, inter trabes emicabant flammae rubrae et fulvae. *Scintillae* in noctem caecam emissae vento auferebantur, donec exstinctae sunt. Eorum, qui domum habitaverant, postremi raris vestibus induti e domo foras cucurrerunt. Constiterunt in media via pallidisque vultibus tectum ardens suspexerunt. Sellae, sedilia, mensae, cistae, arcae, sigilla ab adiutoribus fortibus foras portabantur. Mulier iuxta Lucium in murum nixa tussiebat.

! ÜBUNG 2

*Übung 2: Welche Wörter für **Haus** gibt es im Lateinischen? Welche davon sind im Text bereits vorgekommen?*

____

____

____

„Quonam modo hoc accidit?“ Lucius Nestorem respexit, ut eum interrogaret. Qui autem iam evanuerat; Lucius eum *situlam* ferentem vidit currere ad lacum prope situm.

„Ordo“, clamavit aliquis manibus alte elatis, „ordo nobis constituendus! Iam audite!“

Lucius vidit virum magna validaque statura, cuius os *fuligine* erat nigrum, progredi e domo ardenti.

„Iam desinite portare res foras“, clamavit. „Incendium nobis primo exstinguendum!“

Tum denique Lucius Servium Marcellum patrem agnovit. Re verane fuit tam magna amplaque statura an fuerunt homines circumstantes corpore brevissimi? Voce magna atque sedata disposuit et vicinos accurrentes et eos, qui in domo ardenti habitaverant, et adiutores, qui iam ignem exstinguere conabantur. Paulatim eius auctoritate ordo fiebat. Homines celeriter *urnas situlasque* et aqua completas et vacuas proximo cuique tradebant.

Übung 3: An welche Arten von Wörtern lehnt sich das Pronomen ***quisque*** *an? Dekliniere* ***proximus quisque***!

ÜBUNG 3

____

____

______________ ______________

______________ ______________

______________ ______________

______________ ______________

______________ ______________

Viri fortes in domum superiorem conscenderunt, ut ibi flammas exstinguere conarentur. Lucius ordini se inseruerat. Sudabat. Sicut somnians *situlas* singulas sumpsit tradiditque.

Übung 4: Wie unterscheidet sich die Bedeutung von ***alius*** *und* ***alter****? Wie lauten die Entsprechungen im Plural?*

ÜBUNG 4

alius: ______________________________

alter: ______________________________

im Plural: ______________________________

Ne incendium transiret in alias domos! Ne et illae igni occuparentur!
Cito digitum in auras porrexit. *Certe* venti non vehementer flabant. Quamvis infelices felices erant!
„Somniasne?“, *statim* mulier, quae iuxta stabat, clamavit.
Obstinatus abnuit et *urnam* e manibus mulieris eripuit.
„Dimidiam partem aquae effundis, *asine*!“, exclamavit altera, quae *urnam* auferre voluit.
Oculos in dextram sinistramque partem coniciens intellexit se inter Lutetiam *coquam* familiae suae et Octaviam filiam eius constitisse. Lutetia Galla nonnullis annis antequam natus est in familiam ascita erat. Paulo ante autem a parentibus manu missa erat, cum officiis optime functa esset. Tum libera officiis mandatis fungebatur et cum familia habitabat. Et Lutetia et Nestor maritus et Octavia filia eorum, quae iure Romano etiamtum ancilla Marcelli erat, inter familiares intimos numerabantur.

ÜBUNG 5 !

Übung 5: Gib zu den oben unterstrichenen Verben die Stammform an:

1. ______________________________

____

2. ______________________________

____

3. ______________________________

____

4. ______________________________

____

5. ____

____

6. ____

____

7. ____

____

Utinam Lutetia nonnumquam paulo humanius tamen se gereret erga me, Lucius tristis secum cogitavit. Non iam sum infans!
Etiam Octavia eum minoris *aestimavit*. Quamquam fere aequales tum annum quintum decimum agebant, Octavia tamen pro sorore natu maiore se gessit adversus Lucium. Qui illam respexit. Vix faciem eius in tenebris conspicere potuit; sed etiam media nocte licuit conici Octaviam pulcherrimam esse!
Suum cuique, Lucius secum cogitavit: pulchritudo illi, mihi autem prudentia. Breviter *subrisit*.
„Tandem“, clamavit vir, qui stabat prope *puteum*, „vigiles advenient!“
Ad breve tempus omnes immoti et intenti viam perspexerunt. Profecto iam manus virorum satis magna appropinquabat. Iam saepe Lucius viderat eos, cum viam, in qua habitabat, circumirent; numquam vero Lucius spectaverat eos, cum incendium exstinguerent.
Cum duobus annis ante incendium magnum ortum esset, Augustus princeps adversus incendia vigiles instituerat. Erant septem cohortes, quarum quaeque constabat e mille militibus. Unaquaeque cohors binos vicos tuebatur; praeerat centurio. Vigiles non solum incendia exstinguebant, sed etiam prospiciebant, ne quae orirentur.

ÜBUNG 6

*Übung 6: Welchem Pronomen entspricht das **quae** in **ne quae orientur**? Wie heißt die zugehörige Merkregel?*

Itaque unaquaeque domus erat instruenda rebus ad incendia exstinguenda aptis velut arena et situlis ad aquam portandam idoneis. Quod vigiles severe *exquirere* solebant.
Cohortibus praeerat praefectus vigilum equestri loco ortus. Praeterea ipsi principi parebant.
Maxima cum admiratione Lucius spectavit viros, qui bene dispositi domui appropinquabant et *statim* coeperunt officio suo fungi.

ÜBUNG 7

*Übung 7: Dekliniere **domus**!*

„Iam exstat ordo, optime!“, unus clamavit.
„Sufficiuntne *situlae*, quibus utimini?“, clamavit alius.
Brevissimo tempore via, ubi laborabatur, luce completa erat. Nonnulli vigiles aquam portando auxilium tulerunt, alii *siphonibus* usi sunt. *Situlae* et *scalae* et *sudes* et *strata* et *spongiae* adhibitae sunt, ut incendium reprimeretur. Nonnulli viri celerrime *pannos* strataque aqua madefecerunt, ut domos vicinas protegerent.

*Übung 8: Um welche Form handelt es sich bei **portando** oben im Text?*

ÜBUNG 8 !

____

____

Multas horas omnes conabantur incendium exstinguere. Id profecto facile non fuit! Adiutorum vultus in horas tristiores et taciturniores fiebant.

Subito Lucius *fragorem* ingentem audivit. Domus collapsa est! Homines flammas fugerunt ad ostia domorum currentes timidique ruinas respexerunt. Et tectum et tertia *contignatio* collapsae erant, ut nubes magna pulveris oriretur.

*Übung 9: Um was für einen Satz handelt es sich bei dem oben stehenden **ut**-Satz?*

ÜBUNG 9 !

____

____

Ligna fracta sunt. *Lapides* in viam deciderunt. Fletus audiebatur. Omnes, qui aderant, metu occupati sunt. Quam *cito* complures domus, immo via tota flammis consumi potuerunt!

„Fortasse domus vicinae nobis diruendae erunt!“, unus ex vigilum in aures alterius insusurravit. Lucius, qui audierat verba voce lenissima dicta, exterritus *perhorruit*.

„Immo magis“, capite moto alter respondit, „estne via satis *ampla*? Nisi est, fortasse etiam domus adversae nobis diruendae!“ Secum cogitantes ambo respexerunt. Diruendae? Lucius exterritus domum parentum suorum respexit. Id fieri non debuit!

Übung 10: Zu welcher Deklination gehören die Wörter ***via ampla****? Dekliniere!*

____

______________________ ______________________

______________________ ______________________

______________________ ______________________

______________________ ______________________

______________________ ______________________

„Agite, agite“, desperatus clamavit, „pergamus ignem exstinguere! Nondum ceterae domus perditae!“
Octavia mirata breviter eum aspexit. Tum Lucio vehementer annuit rursusque *situlas* aqua compleverunt. At paulo post manus Lucii graviores fieri coeperunt. Subito unaquaeque *situla* tantum ponderis habebat quantum totum *dolium*. Tamen tacitus dentibus compressis laborare perrexit. Non iam circumspexit. Vidit solum manus et quae *situlas* aqua completas porrexerunt ei et quae eripuerunt e manibus eius.
Usque ad ortum solis omnibus viribus contenderunt, ut domus iam perdita sola a flammis consumeretur. Quod tandem perfectum est. „Satis est, cives“, unus e vigilibus clamavit. „Iam ignis paene exstinctus est. Flammas vicimus!“
Homines, qui circumstabant, a metu respiraverunt. Situlis humi positis omnes lacertos dolentes perfricuerunt.
„Fortuna adiuvante haec nox omni vento carebat!“, dixit unus e vigilibus. „Aliter fortasse tota via consumpta esset!“
„Fortes fortuna adiuvat“, Lucius fortiter respondit. Vigil Lucium respexit. Contemplavit eum a capillo usque ad ungues et risit.

„*Certe*, puer“, dixit. „Haec nox procreavit novos viros fortes!“ Etiam ceteris viris, qui circumstabant, ridentibus Lucius se erubescere sensit.

Übung 11: Um welche Konstruktionen handelt es sich bei den Unterstreichungen im Text?

ÜBUNG 11 !

____

Wandle diese in Nebensätze mit sinnvoller Konjunktion um!

____,
omnes lacertos dolentes perfricuerunt.

„____,
haec nox omni vento carebat.“

____,
Lucius se erubescere sensit.

„Abi nunc dormitum, domine“, Nestor dixit manu umero Lucii breviter imposita.
Lucius postremum domo combusta respecta domum parentum intravit. Subito sensit, quam fatigatus esset.

Übung 12: Übersetze und beantworte (möglichst lateinisch!) folgende Fragen zum Text:

ÜBUNG 12 !

1. Quis Lucium e somno excitavit?

Übersetzung: ______________________________________

Antwort: ____

2. Cui est nomen Lutetia?

Übersetzung: ______________________________

Antwort: ______________________________

3. Estne Lutetia ancilla Marcelli?

Übersetzung: ______________________________

Antwort: ______________________________

4. Quis est ancilla Marcelli?

Übersetzung: ______________________________

Antwort: ______________________________

5. Quis Romae incendia exstinguere solet?

Übersetzung: ______________________________

Antwort: ______________________________

6. Cuius filia est Octavia?

Übersetzung: ______________________________

Antwort: ______________________________

7. Quam diu homines laborant?

Übersetzung: ______________________________

Antwort: ______________________________

Ad breve tempus solum dormire ei licuit. Sicut cottidie prima luce laborare coeptum est. Fabri ferrum malleo tundebant, mercatores merces venditabant, mendici tarde muros domorum praetereuntes fabulis horribilissimis conabantur misericordiam concitare, vir magno cum clamore furem parvulum consecutus est.

Lucius *inquietus* in utramque partem lecti se vertebat. Denique clare *oscitans* membra extendit.

Fieri profecto non potest, ut dormias in urbe, secum cogitavit quatiens caput.

Etiam noctis quietem saepe *turbabant* currus, quibus merces portabantur in urbem. Interdiu non licuit curru per vias Romae vehi. Viae etiam sine curribus et equis nimis plenae periculosaeque erant.

Lucius meminerat aestatis anni praeteriti, quem degerat ruri, ubi habitabat avunculus. In noctibus primis somnum capere non potuerat, cum silentio frui non consuevisset. Deinde autem sopore gravi quieverat, quo numquam meliore usus erat.

Lucius fessus *culinam* petivit esuriens.

„Salve, Luci Marcelle“, dixit Lutetia. „Iamne experrectus es, quamvis nox fuerit longa?“

„Quantus fremitus!“, Lucius gemuit. „At maiore fremitu sonat venter meus. Potesne audire?“

Übung 13: Dekliniere ***maior fremitus****!*

____________________	____________________
____________________	____________________
____________________	____________________
____________________	____________________
____________________	____________________

! ÜBUNG 13

Lutetia ientaculum apportavit, quod constabat e pane et pomis; Lucius cenavit *avide*. Iam in pueritia fuerat brevi crassaque statura, quod dolebat mutatum non esse. Lutetia cum eum amaret, etiam extra tres cenas nonnumquam libenter ciborum delicias ei dedit.

Lucius somniare solebat se procerum fortemque esse, sicut decere verum civem Romanum putabat. Maxime autem impediebat eum non duas horas vivere posse sine cibo quoquam! At staturam brevem fortuna ita constituerat.

Avide panem momordit auscultavitque strepitum, qui penetrabat e patris officina in *culinam*. Sonus metalli malleo tusi erat pars vitae Lucii tam solita quam aer spiritu ductus. Pater erat aurifex argentariusque notus et clarus. *Caelatura* usus *malleis* diversis efficiebat opera magnitudine et figura varia velut *patinas* vel vasa. Praeterea opera distinguebat ornabatque pulcherrimis et speciosissimis sigillis. Et in toto vico et locis remotioribus opera eius erant nota magnique *aestimabantur*.

Übung 14: Trage die oben unterstrichenen Formen in jeweils eine Zeile der Tabelle ein und ergänze die fehlenden:

Positiv	*Komparativ*	*Superlativ*
______________	______________	______________
______________	______________	______________
______________	______________	______________
______________	______________	______________
______________	______________	______________

Saepe eum visitabant cives divites, qui ex omni parte urbis veniebant rogatum, ut aliquid sibi arte sua efficeret. Etiam nonnulli senatores iam iusserant eum opera sibi fabricari!

Übung 15: Dekliniere ***civis dives****!*

____________________ ____________________

____________________ ____________________

____________________ ____________________

____________________ ____________________

____________________ ____________________

Industria et laudis studio ei contigerat opes non ita exiguas sibi parare. Hoc quidem a fabris non facile perficiebatur! Erat ei officina pulchra, quae non longe a templo Quirini aberat, neque solum opera, quae ipse effecerat, sed etiam ornamenta et opera pretiosa ab aliis empta venditabat. Tum apud Graecos quoque mercaturam facere incipiebat. Familiae Marcelli licebat habitare in aedibus satis *amplis*. Praeterea erant iis nonnulli servi, qui adiuvabant eos et in domo et in officina. Lutetia et Nestor liberti apud eos munere fungebantur.

„Iamne omnes seduli?“, Lucius rogavit.

„*Certe*“, Lutetia respondit. „Praeterea pater tuus *certe* gaudebit, si non sero scholam petieris.“

Lucius ingemuit. Toto quidem pectore patrem admirabatur et diligebat, sed eius sententia erat nonnumquam nimis severus et diligens. Tum matrem desiderabat, quae paucis annis ante mortem obierat. Lucius miser meminerat eius benignae et mitissimae mulieris, quae post talem noctem *certe* eum domi manere iussisset eique dulcia praebuisset!

ÜBUNG 16

Übung 16: Gib zu den oben unterstrichenen Verben die Stammformen an!

1. ______________________________

____

2. ______________________________

____

3. ______________________________

____

4. ______________________________

____

5. ______________________________

____

6. ______________________________

____

Magno cum fremitu Lucius scholam petivit. Aliter ac quattuor fratres eius natu maiores, qui *ludo litterarum* perfecto scholam egressi erant, Lucius iam tribus annis ante grammatico in disciplinam traditus erat. Ibi et studebat linguae Latinae recte utendae et discebat linguam Graecam et libros scriptorum eius aetatis clarissimorum legebat solebat. At fratres sicut pater aurifices facti tum ipsi officinas parvas habebant.

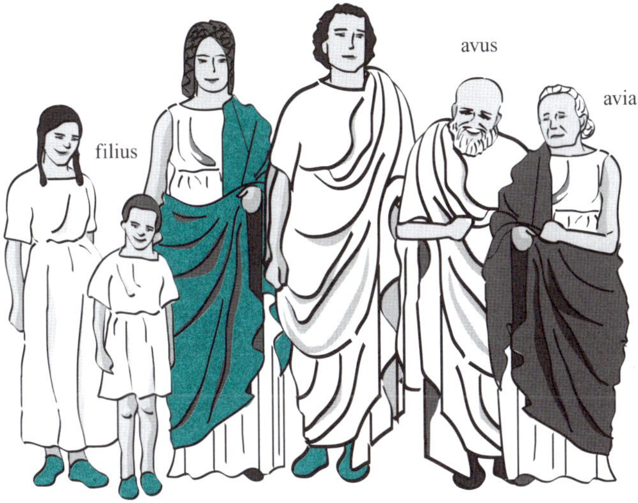

In Lucio solo Servius Marcellus huius artis indolem invenire nullo modo potuerat. Lucius paucorum dierum, quos degerat in officina patris, non oblitus *perhorruit*. Non solum manus, sed etiam ipse totus erat laevus! Ea de causa pater decreverat Lucium *ludo litterarum* perfecto grammatici institutioni committere. Sperabat filium natu minimum fortasse aliquando maiora effecturum esse, praesertim cum tum solvere posset pro meliore eruditione filii.

Übung 17: Übersetze die folgenden Sätze! Sind sie inhaltlich richtig oder falsch?

1. Lucio post hanc noctem diu dormire licuit.

____

2. Familiae Marcelli sunt nonnulli servi.

____

3. Lucius est procerus, quamquam saepe aliquid edere solet.

4. Lucio sunt quattuor fratres; ipse est minimus natu.

5. Lucius indole magna praeditus artem aurificis discere vult.

Lucius secundum Altam Semitam iit. Cum proximum trivium assecutus esset, Gnaeus Lucullus condiscipulus eum comitatus est. „Luci“, clamavit, „iam mane!“
Gnaeus et servus aliquis, qui ferebat stilos et tabulas eius et nonnullos libros, a tergo Lucio appropinquaverunt.
„Audivi apud vos incendium fuisse, nonne?“, Gnaeus rogavit anhelans. Lucius annuit. Saepe miratus est Gnaeum tam celeriter omnis generis nova, quae in vico gesta essent, cognovisse.
„Domus adversa arsit. Per totam noctem auxilium ferebam, ut ignis exstingueretur. Etiam vigiles aderant!“

ÜBUNG 18 !

Übung 18: Forme die oben unterstrichenen Sätze entsprechend den Vorgaben um!

„Audivi: ______________________________.“

Lucius saepe miratus est, quod ______________________

Lucius narrat ______________________________.

Narrat ______________________________.

„Quod *certe* sperabam!“, Gnaeus dixit superbe. „Qua de causa ista faex populi accipit pecuniam!“
Lucio Gnaeus non placebat. Eius sententia erat nimis superbus et saepe aspere loquebatur.
„Nos autem adiuverunt!“, confidenter respondit.
„*Certe,* Luci, *certe*“, Gnaeus rettulit. Ad breve tempus silebat.

Übung 19: Dekliniere ***breve tempus****!*

! ÜBUNG 19

______________	______________
______________	______________
______________	______________
______________	______________
______________	______________

Tum rogavit: „Quid? Periitne quisquam? Vidistine? Manus nigras adustasque porrectas e ruinis? Vae, quam formidabile!“ Gnaeus os duxit.
„Puto omnes servatos esse“, Lucius clamavit exterritus constititque. Lucius ne cogitaverat quidem de hominibus igne necatis!
„Scisne *certe*? Audivi duos homines inveniri non potuisse, qui habitaverant in superiore domo: architectum et servum eius.“
„Ain?“, Lucius rogavit. Tetigit pectus. Non satis accurate quidem meminisse potuit architecti, at tamen vehementer miseritus est animorum miserorum. Quam dira mors!

„Ne excitatus sis!“, dixit Gnaeus Lucium cum fastidio respiciens. „Talia et ubique et perpetuo accidunt!“

Vera dixit. Aedificia multo ligno construebantur. Facillime coquendo vel calefaciendo trabes vel parietes ignem conceperunt! Imprimis in iis vicis, ubi pauperes habitabant, velut in Subura, quae erat prope eorum domum sita, totae viae a flammis consumebantur. Pleraeque insulae ibi sitae saepe constabant e compluribus *contignationibus* artioresque erant. Materia parietum erat marcida et putris. Aedes collapsae et incendia ergo Romae saepissime inveniri poterant.

ÜBUNG 20 !

Übung 20: Gib zu den oben unterstrichenen Wörtern die Stammformen an! Welche Perfektbildung liegt vor?

1. ______________________________

   ____

2. ______________________________

   ____

3. ______________________________

   ____

4. ______________________________

   ____

5. ______________________________

   ____

6. ______________________________

   ____

Perfektbildung: ______________________

„Tamen“, Lucius ait, „quam dira est fortuna in flammis mori!“
„At fortasse non a superis instructa“, tunc servus se interposuit et inter pueros intercessit.
„Quid dicis?“, Lucius et Gnaeus una rogaverunt.
Servus alterum et alterum aspexit.
„Narra!“, Gnaeus imperavit.
„Nihil sane scio!“, servus affirmavit caput quassans.
„Ergo tace!“, Gnaeus ieiune respondit.
„Age“, servus dixit paulum offensus. „Fuit domus tam pulchra, munda, bona! Qui habitabant, boni! Media nocte, omnibus dormientibus, nullo coquente, omnibus luminibus exstinctis cur subito oritur incendium tam vehemens?“

Übung 21: Trage die oben unterstrichenen Formen an der richtigen Stelle ein und bilde die jeweils fehlenden:

Präsens	Imperfekt	Perfekt
____________	____________	____________
____________	____________	____________
____________	____________	____________
____________	____________	____________
____________	____________	____________
____________	____________	____________
____________	____________	____________
____________	____________	____________
____________	____________	____________

„Dolo factum?“, Lucius rogavit excitatus.
Servus umeros adduxit.
„Ineptiae!“, Gnaeus exclamavit *occipitium* servi palma feriens. Qui constitit et eos a tergo rursus sequebatur.
„Qua de causa? Nemini erat bono domum comburere!“ Gnaeus facie in Lucium conversa „Luci“, ait, „haec accipe: nescit iste servus, quot digitos habeat in manu!“

ÜBUNG 22 !

*Übung 22: Bestimme die Kasusfunktion von **bono**!*

____

„Tamen mirum est“, servus murmuravit a tergo. „Illi architecto modo mandatum erat, ut construeret multa et magna aedificia. Fortunatissimus tamen in domo sua uritur.“
„Dicisne ei invidisse quemquam propter fortunam prosperam?“, Lucius rogavit.
„Conicitur tantum“, Gnaeus respondit caput quatiens.
„Ergo fortasse interemptus est“, Lucius ait secum cogitans.
Progressi tacebant, dum circa eos strepitus crescebat. Paulatim foro appropinquabant.
„Interemptus“, Lucius secum dixit. „Interemptus est vicinus.“ Paulum *perhorruit*.
Quod est demonstrandum! cogitavit.

ÜBUNG 23 !

Übung 23: Forme die unterstrichenen Sätze in die indirekte Rede um und übersetze sie!

Gnaeus respondit ___________________________________

____

____

Lucius ait secum ____

____

____

Cogitavit ____

____

____

Lucius hoc die non attentissime didicit. Strepitus, qui erat in via, etiam magis quam aliis diebus eum a discendo prohibebat. *Aulaeo* parce tantum conclave separabatur ab iis rebus, quae foris gerebantur. Lucius fatigatus alioquin mente iterum atque iterum ad incendium nocturnum aberrabat. Sallustii litteris studebant, sed Lucius hoc die *certe* illum scriptorem rerum gestarum non dilexit. Saepe magister oculis minacibus eum respiciebat admonuitque, ut attentior esset, donec iratus exsiluit et *testa* caput eius petiit.

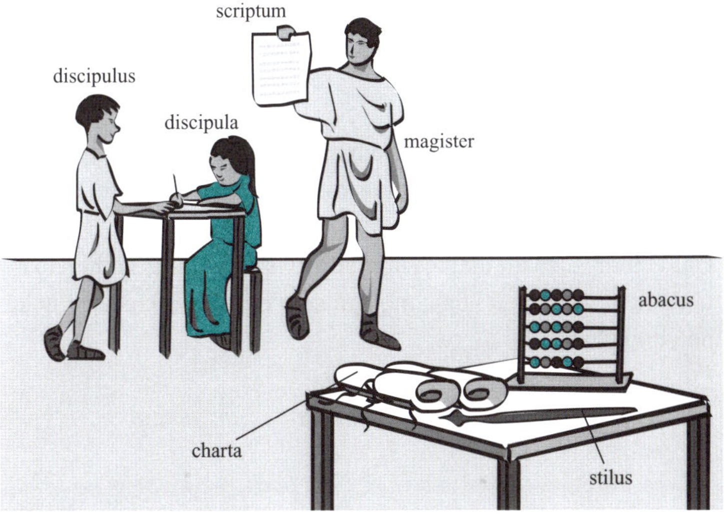

In scholam ire, id est manum *ferulae* praebere, Lucius maestus secum cogitavit caput perfricans.

Ceteri discipuli misericordia non commovebantur, nam Lucius condiscipulis non erat gratiosissimus. Plerique eorum genere nobili nati divites erant, quod demonstrare eis placebat. Lucium autem illudebant, cum hominem novum eum appellabant, cum esset humili loco natus et pater eius modo aliquantas opes sibi peperisset. Praeterea plerique discipulorum non erant ambitiosissimi, aliter ac Lucius, qui semper memor erat laborum patris, quibus opus erat, ut solveret pro eruditione filii.

Übung 24: Um welche Art von Nebensatz handelt es sich bei den obigen Unterstreichungen jeweils? Wie bezeichnet man die jeweilige Einleitung?

1. ______________________________

2. ______________________________

3. ______________________________

4. ______________________________

Condiscipuli corpora potius quam mentes exercebant. Multi gladio pugnabant vel equo vehebantur vel armis exercebantur. Lucium autem, qui erat brevi crassaque statura, non magni *aestimabant*. Quid enim valebat quintus filius aurificis cuiusdam? Nihil. Gnaeum autem, qui solus nonnumquam cum eo colloquebatur, Lucius non diligebat.

*Übung 25: Bestimme die Kasusfunktion von **magni** im obigen Abschnitt!*

____

Schola finita ea cura liberatus domum iit. Cum autem in forum advenisset, diu magna cum reverentia rostra spectavit, ubi ii cives, qui valebant multum, dicere solebant.
Aliquando ego quoque ibi stabo, ut dicam, Lucius secum cogitavit et *statim* paulum erectior constitit. Videbunt illi divites, arrogantes, insolentes!

Übung 26: Gib zu den oben unterstrichenen Verbformen die Formen aller Personen an!

Lucius decus magnum habebat civem Romanum esse. Amore urbis adductus vitam suam pro eius salute posuisset.

Übung 27: Bestimme die Kasusfunktion von ***urbis*** *im obigen Abschnitt!*

Ad breve tempus constitit, ut spectaret forum Romanum, quod erat Lucii sententia orbis terrarum locus pulcherrimus. Nondum viderat alia loca orbis terrarum, neque vero cogitatione fingere potuit esse locum splendidiorem alicubi. Iuxta aedem Caesaris, quae erat posita in fine fori, templum Castoris et Pollucis paucis annis ante ab Augusto renovatum situm erat. Lucius spectabat fabros, qui etiamtum templum Concordiae restituebant, quod positum erat in eo fine, qui spectabat inter *septentriones* et occasum solis. Pone curiam, cui Lucius tum appropinquabat, donec ad Quirinalem se vertit, forum Iulii Caesaris iacebat, cui proximum erat forum Augusti.

Haec non solum est media urbs, sed etiam media terra, Lucius secum cogitavit.

ÜBUNG 28 !

Übung 28: Setze sinnvolle Präpositionen in die Lücken im folgenden Text ein:

Lucius primo _____ Gnaeo _____ domo exit. _____ scholam ire parat. _____ domo parentum secundum viam usque _____ proximum trivium it, ubi Gnaeus eum exspectat. Tum _____ Gnaeo scholam petit. Gnaeus ei _____ architecto narrat, qui _____ domo combusta habitaverat. _____ muro vigil eos spectat. Schola finita Lucius domum ire vult. _____ foro autem rostra contemplatur. Quia sol lucet, ____ tectum templi magni fugit. Dum stat ____ tecto, admiratur templum Castoris et Pollucis, quod est _____ aedem Caesaris situm. Tandem ____ Suburam se vertit; tum domum it.

Sicut cottidie et in viis et in foro Romano turba confertissima erat. „Isne domum?“, clara vox a tergo audiebatur. Lucius se convertit viditque Octaviam, quae magnam *corbem* cibo completam ferens eum sequebatur.

„Quidnam tu hic agis?“, Lucius miratus rogavit. Etiam prope domum panem et vinum et oleum emere potuit Octavia, non debuit forum petere!
Confusa respondit se paulum aberrasse et breviter respexit.
„Visitasti templum Vestae, nonne?“, Lucius quaesivit ridens. Noverat Octaviam illam deam magna cum reverentia colere.
„Nonne est dea *focorum* et ignis, nonne protegit familias? Cur gratias ei non agam, quod et domui nostrae et nobis omnibus pepercit?“

Übung 29: Forme die oben unterstrichenen Fragesätze jeweils in indirekte Fragesätze um!

Lucius quaesivit, ______________________________.

Octavia rogavit, ______________________________.

Octavia rogavit, ______________________________.

„Ne te pudeat, Octavia!“, Lucius dixit benigne. Ad breve tempus saltem sensit se Octaviae superiorem esse. Aliter ac Lucius non erat mulier vere Romana, at tamen deam Romanam coluit. Quod affirmavit mores Romanos multum valere!
„Audivistine architectum illum evanuisse? *Certe* putandum est eum flammis necatum esse.“
Lucius manu hominem praetereuntem repulsit.
„Audivi.“ Vox Octaviae vix potuit audiri turba in via fremente.
„Scisne etiam hoc fortasse non casu accidisse?“, Lucius rogavit Octaviam respiciens.
„Quod est demonstrandum“, illa aequo animo respondit. Capite erecto iuxta Lucium incessit, qui subito cognovit eam multo proceriorem esse quam erat ipse; eam sollertissime per turbam hominum lapsam persequi paene non poterat. Saepe Lucius homines

aliquos offendit et a sequendo prohibitus est. Tum Octaviam porro tantum coma fulva agnoscere potuit, quam more Romano in *gradus* formatam capiti summo affixerat.

„Ubique vides arcana“, respondit, cum Lucius rursus eam assecutus esset. „Nonne sunt haec puerorum?“

Ira Lucii crescebat. Cur placebat ei semper eum detrectare? Cum cognovisset nonnullos viros se convertere, ut Octaviam pulcherrimam spectarent, immo plus iratus „Videbis!“ fremuit *labium* mordens.

! ÜBUNG 30

Übung 30: Verbinde die folgenden Sätze, indem du den jeweils zweiten in einen AcI umwandelst.

Lucius scit: Octavia Vestam deam colit.

____

Lucius narrat: architectus evanuit.

____

Octavia respondet: hoc iam audivi.

____

Lucius cognoscit: Octavia multo procerior est.

____

Octavia respondet: ubique vides arcana!

____

Lucius sentit: ira crescit.

____

Lucius animadvertit: nonnulli viri se convertunt.

____

Illo die primo non iam improvisum quicquam accidit. Ubique in viis homines de calamitate colloquebantur. Omnes vicini conicere conabantur, quae fuerit causa incendii. Dum Lucius patrem adiuvat et merces vendit, nonnulli vicini eos visitabant, quorum alius alia sentiebat. Unus putavit *lucerna* non integra incendium effectum esse, alteri architectus sua sponte manus sibi attulisse videbatur, cum *sponsionum* causa *aere alieno* demersus esset. Victus architecti in horas minus minusque intellegi poterat. Hic plurimos inimicos habuisse videbatur, quorum erant alii mariti amoris stimulis agitati, alii aemuli operum, qui ei inviderant, alii quorum mandata non satis diligenter effecerat. Lucius perturbatus erat tam multis fabulis rumoribusque, quae narrabantur de vicino, qui e conspectu abierat. Id unum coniecit e fabulis Romanos *garrulitate* delectari et libenter rumores incertos fingere; se ipsum autem talem fore, si omnibus talibus fabulis crederet!
Verisimile est Octaviam et Gnaeum recta dixisse, Lucius secum cogitavit. Fuit unum ex incendiis usitatis.
Illis rebus cogitatis minus excitabatur.
Eo die sero cenaverunt, quia pater multis negotiis occupatus erat. Cum noctu tam solliciti tamque seduli laboravissent, Lutetia maiore cum studio cenam coxerat. *Gustationem glires fartos* habebant, qui inter *cuppedia* numerabantur. Iam multos dies Lutetia mures nucibus *saginarat*.

*Übung 31: Wie heißt die Langform von **saginarat**? Bilde entsprechend die Kurzform zu: **laudaveram**, **spiraveris**, **mandavero**, **habitaverant**.*

! ÜBUNG 31

____

____

____

Testis certis ad spirandum perforatis uti solebat, in quibus animalia erant. *Glires* et *pulpa* sua et carne *suilla*, quae minutim concisa cum pipere et pineis et radicibus certis contusa erat, farti et deinde *consuti* in *furno*, ubi in *tegula* iacebant, torrebantur. Cum cena biberunt mulsum, quod est vinum cum melle mixtum.
Sicut semper Lucius mulsum sprevit. Stomachus enim recusavit: etiam si non multum bibit, mulsum *nauseam* ei fecit.
„Lucius recusat, ne adolescat“, coniecit Marcus, qui fuit e fratribus natu maximus. Aderat eo die cum muliere et liberis.
Lucius oculos distorsit. Num semper lacessebatur?
„Age“, pater respondit, „proxima nocte demonstravit se plane virum esse.“
Lucius paulum erubuit. Laude pater sensibus eius blanditus est.
„Labor corporis ei fortasse non nocuit“, frater dixit. Subito erectus latus Lucii vehementer digitis apprehendit. Lucius *vagitum* edidit, ita ut omnes, qui aderant, riderent.
Tum Octavia intravit primam mensam ferens, quod erat *catinus* carne assa completus. Quod cum in mensa poneret, Lucium arridens adhortabatur.

ÜBUNG 32 !

Übung 32: Füge im folgenden Text sinnvolle Endungen ein:

Lucius cum famili___ cenat. Hodie Marcus frat___ adest cum liber___ et uxor___. Lucius autem non gaud___, quia frater eum semper illud___ sole___. Lucius mulsum spern___, quia *nauseam* e___ facit. At pater Luci___ blanditur, cum dic___ Lucium demonstravisse se plane vir___ esse. Octavi___ Luci___ adhortatur, cum affert prim___ mens___.

„Quid ergo facient homines, qui incendio domum suam amiserunt?“, Lucius rogavit conatus de aliis rebus colloquium facere.
„Debebunt primo habitare cum cognatis vel familiaribus, ut quaererent deinde habitationem aliam“, dixit Marcus, cum rursus accubuisset. „Quidnam aliud facere possint?“
Diu omnes tacebant. Cum cogitarent se omnia sua una nocte amittere posse, terrebantur. Tam multa pericula Romae instabant et fortuna erat incerta. Lucius, qui semper senserat se tutum esse familia, hanc fidem incolumitatis proxima nocte flammis amiserat.
„Di nos quasi *pilas* homines habent“, Lucius commemoravit sapientia illorum Plauti verborum permotus.
„Verba callida saltem discit in schola“, Marcus respondit et poma, quae Octavia interim attulerat, manu petivit.

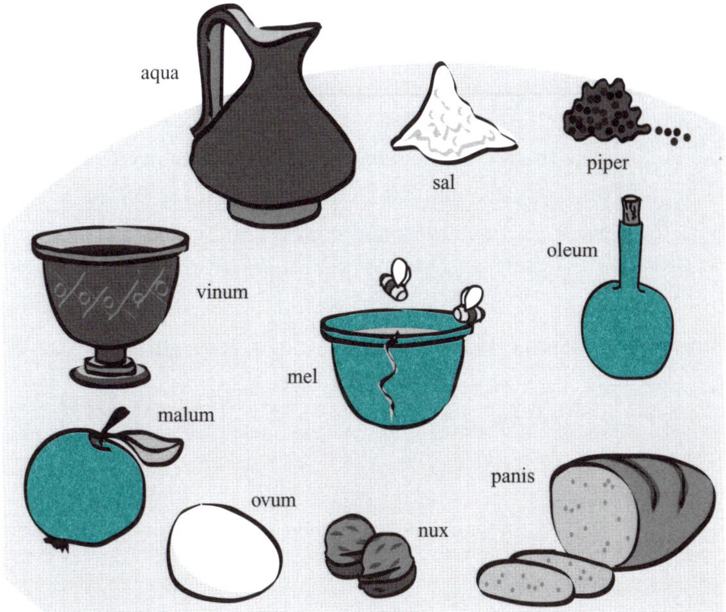

Lucius dubitavit, an non Marcus fortasse aemulus sui esset. Forsitan ipse libenter in scholam isset.

Quam celerrime potuit, *triclinium* reliquit. *Cavillationes* fratris diutius pati non potuit. Quanto plus iste vini bibit, tanto acerbius eum illusit. Lucius non iam voluit ab illo ludibrio haberi. Atrio relicto quamvis fatigatus nondum iit cubitum. In sollicitudinem adductus *inquietus* agebatur.

ÜBUNG 33 !

*Übung 33: Um welche Form handelt es sich bei **cubitum** im obigen Abschnitt? Wo steht diese ausschließlich und was gibt sie an?*

____

____

____

Lucius foras iit. Iam invesperascente tum via multo quietior erat quam aliis temporibus. Mercatores officinas clauserant; nondum vero curribus mercedes aliaque onera per urbem vehebantur. Romani domi aut cenabant aut iam dormiebant. Lucius auram frigidam hauriens oscitavit. Fortasse melius erat tandem cubitum ire. Dies fuerat longus. Iam rursus domum intrare parabat, cum extremis oculis vidit lucis radium tenuem, qui inter ruinas micuit. *Perhorruit*. Quidnam erat hoc? Territus ruinam respexit.

ÜBUNG 34 !

Übung 34: Setze den obigen Abschnitt in die Gegenwart!

____

____

____

Inter trabes adustas figuram hominis incurvati conspexit. Qui erat pallio cano indutus *cucullo* multum oris tegente. Quietus Lucius domui combustae corrutaeque appropinquavit. Periculosum erat per ruinas erepere. *Lapides* sine ordine cumulati poterant delabi ex improviso. Quid negotii fuit ei illo loco? Fuitne mendicus, qui quaerebat utilia quaedam? Lucius stabat proximus viro, qui lingua aliena usus voce attenuata secum murmurabat. Apparuit eum acutis rebus laesum esse, nam subito voce clariore locutus manu os tetigit. Lucius ausus est loqui.

„Quid agis?", clara voce clamavit.

Vir ille *perhorruit* et *lucernam* amisit. Ore in Lucium non converso agiliter per *lapides* repsit et fugit, cum in via constitisset. Lucius perturbatus oculis eum sequebatur. Vir visus erat procerus et agilis. Ergo verisimile erat Lucium nihil perfecturum fuisse, etiamsi eum brevibus crassisque pedibus persequeretur.

Lucius hoc mirum esse putavit: nullus mendicus tam perterritus fuisset, sed potius esset diris vocibus usus, ut Lucium repelleret. Cur ille vir avolaverat sicut qui aliquid abdere vellet?

ÜBUNG 35 !

Übung 35: Dekliniere ***nullus mendicus****!*

Suspiciose Lucius ruinas contemplatus est, quae olim fuerant domus, *lucernamque* parvam petivit, quam vir reliquerat quaeque etiamtum lucebat. Lignum sumpsit, quo *lapides* movere coepit, quamquam eum non iuvit. Vix speravit se quicquam invenire posse, quod se alliceret, praesertim cum ipse vidisset incendium. Tam diu domus arserat! Tamen Lucius ruinas perscrutari perrexit. Re vera sedile semicombustum e ruinis protraxit, deinde *aenum* paulum perforatum et *craticulam* ferream. His rebus inventis maiore cum studio Lucius ruinas perfodit, donec in inferiore parte manu rem firmam contigit. Tum Lucius gaudio scrutandi correptus *lapidibus* compluribus abiectis tandem arcam pulcherrimam protraxit, quae erat facta e ligno fusco et sollertissime ornata. Ora tantum adusta arca flammis non erat deleta. Lucius lignum permulsit et diligenter arcam aperuit. Tenero lumine *lucernae* apposito cognoscere potuit nonnullas *chartas* pelle involutas. Lucius commotius cogitavit, quantas res invenisset. Illam arcam arcana condere sensit. Toto corpore tremens arcam clausit eamque sub ala portans caute per *lapides* repsit. Cum viam assecutus esset, pulverem e toga excussit et circumspexit. Nemo in via conspiciebatur. Tacitus Lucius domum parentum petivit. Denique tremens cubiculum assecutus est. Manibus trementibus *lucernam* sumpsit, ut diligentius *chartas* contemplaretur. Descriptae erant formae nonnullorum domorum. Lucii spiritus est interclusus. Illae descriptiones erant hereditas architecti flammis perditi. Quam excitatus erat! Lucius arcam sub lecto abdidit. Tum viribus exhaustis vere fatigatus erat. Constituit *aenigma* architecti postero die solvere. *Aenigma* autem esse architecti Lucius subito rursus certum putavit.

Übung 36: Bilde aus den Bruchstücken sinnvolle Sätze:

Lucius	liberti Marcelli	adiuvat.
Servius Marcellus	*coquam* familiae	sunt.
Lutetia et Nestor	semper laborare	est.
Octavia ancilla	filius Servii Marcelli	laborat.
Lutetia	in officina	solet.

____

____

____

____

____

Lucius cum postero die mane *culinam* intraret, vidit non Lutetiam, sed Octaviam ientaculum parasse.

„Quid est ergo?“, dixit pane porrecto. „*Exquirisne* adhuc, quae facinora commissa sint? An nimis exercetur dominus, cum *caenum* hominum quorundam perscrutatur?“

Cum illis verbis eum illuderet, *supercilia* ad frontem sustulit. Apparuit eam Lucium, cum noctu domum reliquisset, speculatam esse.

„Puta“, Lucius ait, „me etiam tenere aliquid, quo indicetur incendium non cottidianum fuisse!“
Octavia stupuit eumque aspexit.
„Num invenisti aliquid?“, curiose rogavit.
Lucius annuit. Illa re inventa ita superbus et ita excitatus erat, ut deberet narrare alicui.
„Mecum veni!“, dixit et Octaviam usque ad cubiculum secum traxit.
Arca aperta Octavia caute *chartas* evolvit.

ÜBUNG 37 !

Übung 37: Bilde zu den oben unterstrichenen Formen jeweils die entsprechenden Formen des Präsens- bzw. Perfektstammes!

1. ______________________________
2. ______________________________
3. ______________________________
4. ______________________________
5. ______________________________
6. ______________________________
7. ______________________________

„Hocne putas esse indicium?“, rogavit cum fastidio. „Luci, fuit architectus vicinus noster. Hae sunt descriptiones aedificiorum, quae aut iam aedificavit aut aedificare voluit. Quare sunt tam mirae?“
Lucius tacitus confessus est eam vera dixisse.
„Nescio“, lente respondit. „At sentio ...“
„Sentis ergo!“, Octavia risit.
„*Certe*!“, Lucius dixit iam vivacior. „Cur istae ipsae descriptiones

tam diligenter conditae? Cur sunt tam magni? Verisimile est totam domum architecti *chartarum*, descriptionum talium plenam fuisse. Cur istas ipsas *chartas* in arca tam pretiosa condidit? Quid? Potesne explicare?“

Octavia primo tectum, deinde Lucium aspexit.

„Fortasse recta dicis“, ait. Perspicuum erat eam pigere haec dixisse.

Cor Lucii saluit.

„Visne commodare mihi descriptiones hodie?“, Octavia rogavit, cum *chartas* rursus diligenter involveret.

„Cuinam rei?“, Lucius quaesivit admiratus eam.

„Est mihi amicus“, Octavia leviter respondit eumque non aspexit. „Est famulus fabri cuiusdam. Si descriptiones aspexerit, narrare nobis poterit, num habeant aliquid miri.“

„Si tibi placet“, Lucius respondit. Breviter miratus est se illo nuntio nullo modo delectari.

Übung 38: Übersetze und beantworte (möglichst lateinisch) folgende Fragen zum Text!

1. Cur Lucius *triclinium* celeriter relinquit?

Übersetzung: ______________________________

Antwort: ______________________________

2. Itne *statim* cubitum?

Übersetzung: ______________________________

Antwort: ______________________________

3. Quo it, postquam atrium reliquit?

Übersetzung: ______________________________

Antwort: ______________________________

ÜBUNG 38 !

4. Quid conspicit in ruinis?

Übersetzung: ______________________________

Antwort: ______________________________

5. Quid amittit vir ignotus in ruinis?

Übersetzung: ______________________________

Antwort: ______________________________

6. Quid invenit Lucius in ruinis?

Übersetzung: ______________________________

Antwort: ______________________________

7. Cui demonstrat, quod in ruinis invenit?

Übersetzung: ______________________________

Antwort: ______________________________

Cum schola finita domum rediit, domi omnes erant perturbati. „Perfregit aliquis domum!", Lutetia clamavit, cum Lucius *culinam* intraret.

! ÜBUNG 39

Übung 39: Begründe den Modusgebrauch der beiden ***cum****-Sätze im vorangehenden Abschnitt! Welches* ***cum*** *liegt jeweils vor?*

____

____

____

____

____

„Estne hoc verum?“, Lucius rogavit et territus expalluit.
„Haec crede!“, Lutetia dixit *bracchio* Lucii correpto. „Clara luce aliquis huc irrepit atque audacter conclavia nostra perlustrat.“ Caput quassavit, quasi etiamtum non crederet talia facta esse.
„At quidnam surripuit?“, Lucius rogavit anhelans.
„Quod maxime miramur! Nihil surripuit!“, Lutetia respondit rursus capite quassato. Videbatur nihil sane intellegere.
„Quid dicis?“, Lucius quaesivit.
„Age, haec sunt gesta: Nestor vidit speciem alicuius hominis, qui a cubiculo patris tui tuum tacitus petiit. Cum eum sequeretur, cognovit virum, qui capite obvoluto cubiculum tuum perscrutabatur.“
Capite obvoluto, Lucius secum cogitavit et *perhorruit*. „Quid tum?“
„Nestor voluit eum opprimere, at fur ille erat fortissimus. Nestorem ...“ Vox eius haesit. Lutetia edidit singultum.
„Quid de Nestore?“, Lucius vehementer territus est. Graecus ille erat famulus patris familiarissimus. Sicut pater ipse novit artem aurificis et eum semper adiuverat, ut tum esset clarissimus.
„Quid de Nestore?“, Lucius iterum rogavit patientia omissa.
„Ille homo nequam ingens manibus eum pepulit. Cum decideret, capite lectum tuum offendit. Ad breve tempus anima eum defecit. Nunc caput ei dolet fronte graviter vulnerata.“ Lutetia iterum singultum edidit.
„Optime!“, Lucius exclamavit curis liberatus. „Putavi maiora accidisse!“
„Maiora?“, Lutetia rogavit irata Lucium a vertice usque ad ungues contemplata.
„Quid autem fur fecit?“, Lucius quaesivit ira eius neglecta.
„Aufugit.“

Übung 40: Wandle die folgenden Sätze ins Passiv um!

1. Homo domum perlustrat.

____

2. Lucius Lutetiam interrogat.

____

3. Fur nihil rapuit e domo.

____

4. Nestor furem conspexerat.

____

5. Nestor patrem Lucii in officina adiuvat.

____

6. Lucius Octaviae arcam dederat.

____

Lucius *statim* intellexit, quid ille vir capite obvoluto in conclavi sua quaesivisset: descriptiones. Videbatur eum bene occultus sine periculo spectavisse ac deinde tempus opportunum exspectasse, ut *chartas* sibi rursus pararet. Lucius *subrisit* cogitans tempus non ita opportunum fuisse; commode autem accidisse, quod arca non posita fuisset in cubiculo suo.

„Octavia!", subito exclamavit. Lutetiam attonitam umero correpto quassavit. „Ubi est Octavia?"

„Nescio", Lutetia respondit mirata. „Illam puellam iam diu misi, ut nonnullas res mihi emeret; nunc verisimile est eam cessare et in viis pervagari."

Repente conticuit et Lucium suspiciose aspexit. Vivebant quidem in eadem domo sicut familiares, erat quidem Servius Marcellus

dominus optimus et amicissimus, sed tamen omnes famuli potius nihil peccabant, cum laborabant. Gratiae Marcelli atque eius necessariorum omnes erant subiecti. Etiam cum Lutetia manu missa esset, nihil erat mutatum.
Quo enim isset, si e domo expulsa esset? Debuisset habitare in aliqua insula in conclavi exiguo, quo venti assidui penetrabant, fame vexata. Ne Lucius pergeret cogitare de filia eius cessanti, simpliciter rogavit: „Visne fortasse edere aliquid? Modo piscem coxi!“

Übung 41: Unterstreiche im vorigen Absatz alle Verben im Konjunktiv Plusquamperfekt! Was drücken sie aus?

Lucius autem edit, non solum fame adductus, sed etiam ut sollicitudinem animo expelleret. Talia autem cena optima facillime perficienda putavit.
Multo die tandem Octavia rediit. Lucius autem erat curis liberatus, cum vidisset eam arcam portare. Breviter ei narravit, quae ea absente gesta essent. Postquam Octavia visitavit patrem vulneratum, consederunt in triclinio, ut colloquerentur de rebus paulo ante gestis.
„At quem putemus esse illum hominem occultum?“, Octavia rogavit. „Cur est ei opus istis descriptionibus? Cur eas tam vehementer petit?“
„Utinam scirem!“, Lucius ait sollicitus huc illuc conclave pererrans. „Aut descriptiones sunt plurimi aut arcanorum plenae, quae nullo modo patefieri debent.“
„Fortasse fur ille erat socius operis architecti“, Octavia coniecit. Paulisper conabantur *aenigma* solvere.
„Quidnam amicus tuus occultus dixit de chartis?“, Lucius denique ex Octavia quaesivit.

Octavia voce irata eum rogasse neglexit.
„Nihil sane“, respondit crines vellens. „Sunt descriptiones usitatae insularum huius urbis. Pleraeque earum sunt magnificae; est hortulus in domo inferiore, atrium toti insulae lucem praebet.“
„Sunt ergo aedificia, qualia Roma habet mille.“ Lucius dixit stomachatus.

ÜBUNG 42 !

Übung 42: Dekliniere ***tota insula****!*

______________________ ______________________

______________________ ______________________

______________________ ______________________

______________________ ______________________

______________________ ______________________

Wie lautet der Merkspruch für alle Pronominaladjektive, die wie ***totus*** *dekliniert werden?*

____

____

____

„Ita est“, Octavia respondit. Apertum erat eam quoque hanc rem moleste ferre.
„Habet autem“, addidit, „res aliquid inusitatum. Descriptionibus forma urbis quaedam addita est, qua demonstratur, ubi insulae sint sitae.“
„Quid *amplius*?“ Lucius respondit cogitans quam difficile esset per vias Romae iter expedire. Maioribus viis tantum erant nomina;

in vicis parvis autem facillime aberrabatur. Si architectus complura habuerat negotia, non erat mirum eum formam urbis pinxisse, ut domorum meminisse posset.
„Utcumque res se habet“, Lucius dixit fortiter, „brevi visitabo istas insulas. Quidnam aliud restat?“
„Num vis Lare familiari relicto urbem perlustrare?“ Octavia simulavit se attonitam esse. „Nonne dicitur Romanus sedendo vincere?“
Octavia non primum statuit Lucium paulum ignavum et lentum esse.
„Octavia optima“, dixit Lucius superbe eam aspiciens, „*certe* novisti proverbium, quod sequi solet familia nostra: apes debemus imitari. *Certe* scis me quoque illam sententiam sapientem semper secutum esse.“

*Übung 43: Konjugiere das Verb **sequi** im Präsens und Perfekt Indikativ!*

! ÜBUNG 43

______________________ ______________________

______________________ ______________________

______________________ ______________________

______________________ ______________________

______________________ ______________________

______________________ ______________________

Ambo riserunt. Tum coeperunt quaerere locum, ubi *chartas* abdere possent. Incertum erat, quando fur redire pararet.
Lucio paulisper erat exspectandum tempus, quo domo proficisceretur, ut visitaret insulas in chartis architecti descriptas. Cum duae essent sitae in Esquilino, Lucio placuit eo primo ire. Ea de causa

rursus praeteriit Suburam et forum, deinde in Argiletum se convertit, quae erat via principalis, denique ad dexteram se vertit, ut secundum clivum Suburanum iret.

ÜBUNG 44 !

*Übung 44: Konjugiere das Verb **ire** im Präsens und Imperfekt!*

______________________	______________________
______________________	______________________
______________________	______________________
______________________	______________________
______________________	______________________
______________________	______________________

Ibi Lucius porticum Liviae praeteriit; quae porticus magna circumdedit aream apertam. Lucius scivit in media area aedem Concordiae sitam esse. Noverat quoque famam illius loci: Ibi olim sitam esse domum Vedii Pollionis; quem virum divitissimum solitum esse servos in lacum *murenarum* plenum inicere. Pollionem maxime delectatum esse illis piscibus rapacibus, qui homines brevissimo tempore laniarent. Augustum autem crudelitate Pollionis perterritum post mortem eius domum dirui atque in vicem porticum aedemque aedificari iussisse et haec omnia rei publicae donasse.

Lucius nutu factum probavit, quod putavit honestum. Princeps prudenter significaverat se salutem omnium luxuriae suae praeponere.

Lucius cum clivum Suburanum, qui ibi erat acclivior, sequeretur, anhelare coepit. Unam insularum, quam alicubi prope sitam esse noverat, quaesivit. Constitit et anhelans circumspexit. Non longe aberat a porta Esquilina etiam ab Augusto renovata. Olim in campum finitum, qui pone portam erat situs, corpora pauperum atque servorum erant abiecta. Quibus aves lupique erant allecti, ubique ossa iacuerant.

*Übung 45: Welches Pronomen vertritt **quibus** im obigen Absatz? Wie heißt diese Konstruktion?*

Cum etiam locus, quo homines ad supplicium producerentur, prope situs esset, vicus non placuerat. At illorum temporum crudelium signa Lucius cognoscere non iam potuit. Maecenas, qui fuit amicus Augusti, ibi hortos aedificaverat; licebat in moenibus ambulare atque sole frui. Multi homines divites atque praeclari tum habitabant circa.

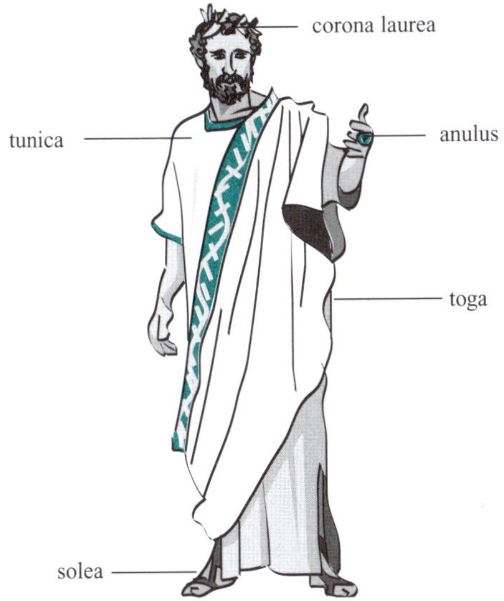

Lucius eminus vidit senatorem, quem in viam exeuntem multi clientes comitabantur. Difficile non erat senatores cognoscere. Tunicis ora purpurea ornatis erant induti, quae sub toga spectabatur a collo usque ad zonam. Praeterea senatores anulum aureum et purpurea tegumenta pedum habebant.

ÜBUNG 46 !

Übung 46: Unterstreiche im vorigen Absatz die Verben im Indikativ Imperfekt. Konjugiere diese!

Lucius vestitum suum aspexit. Etiamtum more puerorum indutus erat; exspectabat se duobus annis post tandem vestem puerilem die festo comburere posse. Leniter ingemuit atque formam urbis, quam manibus tenebat, aspexit. Ad sinistram erat ei vertendum, deinde ad dextram, ut secundum vicum parvum iret ...

Domus ibi non erant magnificentissimae, sed tamen magnae et splendidae. Tandem Lucius in via parva ante insulam constitit, quae videbatur paulo ante aedificata esse. Portam admiratus modo sibi finxerat, quam amoene insula intus esset instructa, cum subito duae mulieres e porta exierunt garrientes.

Übung 47: Wie nennt man das ***cum*** *im obigen Satz? Mit welchem Modus steht es?*

! ÜBUNG 47

„Non debuit illa minime pretiosa contingere. Pessime crines sunt infecti!“, altera dixit, cum altera risit.

„Domina voluit esse tam flava quam una ancillarum Germanarum, nunc autem *pediculi* crines comedisse videntur!“ Altera *subrisit*, tamquam ei satisfactum esset.

„Fortasse debet *adipe ursino* uti ...“, altera, quae miserita est, deliberavit.

„Nullo modo, nulla herba est ad hoc medicandum idonea! Crinibus emptis uti debebit!“

Lucius mulieres secutus tandem ausus est eas alloqui.

„Nonne habitatis in ista insula?“, timide rogavit. *Statim* eum puduit animi pavidi. Imprimis erga mulieres viriliter se gerere debere putavit.

ÜBUNG 48 !

Übung 48: Welche unpersönlichen Ausdrücke außer ***pudet*** *gibt es im Lateinischen, die ebenso konstruiert werden?*

____

____

„Quis se scire affirmat?", mulier natu maior suspiciose quaesivit. „Mihi est nomen Lucius Marcellus, quaerito... in scholam ingenuarum litterarum eo ..."

Lucius lingua haesitare coepit. Nesciit, quid mulieribus explicaret. Neque *certe* sciit, cur adesset.

„Age, puerule. Ne sis perturbatus! Quid vis?"

Constiterant et Lucium curiose contemplaverunt.

„Sum amicus architecti, qui insulam vestram aedificavit", Lucius demum respondit. „Periit, ut sciatis", inops consilii addidit, cum mulieres pergerent eum tacite contemplari.

„Quid nunc?", mulier natu minor dixit. Lucius eius duritia maiore etiam pavore completus est quam fuerat ante.

ÜBUNG 49 !

Übung 49: Bestimme die drei oben unterstrichenen Ablative!

____

____

____

„Rogare parabam, quando insula vestra esset aedificata."

Mulieres altera alteram aspexerunt.

„Uno anno ante fortasse ...", altera dixit cunctata, altera annuit.

„Cuius est?", Lucius quaerere perrexit, cum firmiore animo coepit dicere. Mulieres colloquio delectari videbantur.

„Cuius? Nescio ...“
„Ego scio“, clamavit mulier natu minor. „Est Quinti Flavii Iusti, ut domina mihi narravit.“ Lucio fiduciae plena arrisit.

Übung 50: Welche Adjektive außer ***plenus*** *stehen noch mit dem Genitiv?*

! ÜBUNG 50

___

___

___

Tum addidit: „Ut scias, maximam partem temporis ruri degimus; insulam urbanam tantum conduximus. Narrabo tibi“, inquit et excitata manibus plausit, „Quintus Flavius ille permagno locat.“
Lucius risit cum iis, cum nihil intellegeret; putabat enim eius modi societatem aptam esse ad diutius mulieres interrogandas.
„Ita, ita!“, Lucius excitatus *subrisit*. „Videtur haec insula tanti esse; ita est magnifica!“

Übung 51: Bestimme die Kasusfunktion von ***permagno*** *und* ***tanti*** *im vorigen Abschnitt!*

! ÜBUNG 51

___

___

___

„Ah! Videtur tantum pulchra!“, dixit mulier natu minor capite quassato. „Re vera est taberna deformis sicut prior. Paulo coloratior, hic illic *operibus tessellatis* ornata, parietes picturis illiti: *statim* aedium pensio paene geminata.“

ÜBUNG 52 !

*Übung 52: Dekliniere **mulier minor**!*

„Ne maledixeris!“, anus exclamavit *bracchio* alterius apprehenso. „Gaudeamus, quod hic habitare nobis licet!“
Altera oculis distortis conticuit.
Lucius animadvertit colloquium esse finitum. Mulieribus gratias egit et iam abire parabat, cum repente mulier natu minor bracchio eius correpto quaesivit: „Cur haec omnia audire voluisti?“
„Audire non studui!“, Lucius respondit dulcissime *subridens*. „Me tantum delectavit cum duabus mulieribus venustissimis colloqui!“
Mulieres stupuerunt et altera alteram aspexerunt. Tum ex animo riserunt.
„Nonne est homo elegans?“, dixit minor, altera annuit.
„Nullo modo tibi credimus; at quia es humanus atque comis ...“
Maior ei annuit, tum ire perrexerunt garrientes laetae.
Lucius intumuit. Putabat interrogationem sibi magno emolumento fuisse.

ÜBUNG 53 !

*Übung 53: Bestimme die Kasusfunktion von **magno emolumento** im vorigen Abschnitt!*

Tribus insulis deinde visitatis nihil sane novi cognoverat. Omnes erant Quinti Flavii, qui videbatur mercator bene nummatus esse. Insulae erant compositae atque eleganter instructae; etiam in vicis deterioribus insulas satis pulchras aedificari iusserat. Lucius audivit Flavium illum solum parvo emisse; quod mirum non erat, si quis Romae viris magna auctoritate praeditis uti solebat. Lucius autem cum insulam ultimam conspexisset, stupuit. Vicus, in quem se verterat, erat in summa margine Suburae situs. Lucius iam erat fatigatus, cum tam diu in viis pervagatus esset. Vestes erant totae *limo* aspersae, servus aliquis invitus onere caput eius offenderat, modo *clavo* pes erat vulneratus.
Lucius cogitavit melius esse sedendo vincere. Dentibus collisis Octaviae meminerat.
Quamquam eum non iuvabat, insulam in *charta* descriptam quaesivit. Re vera difficile erat in vicis atque viis male compositis non aberrare. Denique Lucius ante aedificium vehementer deformatum constitit. Perturbatus formam urbis aspexit. Hocne erat verum? Haec insula ab omnibus, quas ante viserat, omnino differebat. Apparuit eum errasse!

Übung 54: Forme in den folgenden Sätzen die Partizipialausdrücke in Relativsätze um:

1. Lucius insulam in *charta* descriptam quaesivit.

____

____

2. Difficile erat in viis male compositis non aberrare.

____

____

3. Lucius ante aedificium vehementer deformatum constitit.

Aedificium non iam firmum videbatur, parietes putres atque marcidi, frons vetus atque cana. Lucius descriptione architecti cum insula collata animadvertit domos non easdem esse.

„Estne haec insula quoque Quinti Flavii?“, Lucius e viro, qui aedificium intrare parabat, quaesivit.

„Ita est!“, ille dixit saevus irata facie in Lucium conversa. „Sin autem videbis istum Quintum Flavium, dic ei me quam celerrime insulam mutaturum, nisi brevi omnia, quae restitui debent, reparaverit!“

„At nonne ei in animo est?“, Lucius rogavit et descriptionem aspexit. „Puto eum iam de rebus melioribus faciendis cogitasse ...“

„Haec ego *certe* scirem!“, vir exclamavit et maligne risit. „Iam multos annos cum eo colloquebar, sed nihil audit, nihil vult mutare!

! ÜBUNG 55

Übung 55: Konjugiere das Verb **velle** *im Präsens und Futur Indikativ!*

Mox insula corruet!“ Vir demonstravit murum fissum. „Videsne hoc?“, irate manibus quassatis iterum dixit: „Videsne hoc?“
Lucius timide annuit. Videbatur ille vir vere iratus.
Multa secum cogitans Romanus parvulus domum iit. Alio modo perfici non potuit. Qui architecto opera mandaverat, ille Quintus Flavius erat ei visitandus ...

Übung 56: Übersetze im folgenden Text alle fettgedruckten Wörter so, wie sie erscheinen, ins Lateinische!

Lucius, **der Sohn des Servius Marcellus**, besucht **die**

____

Mietshäuser, die **auf den Plänen** abgebildet sind. Zwei davon

____

liegen **auf dem Hügel** Esquilinus. **Vor dem ersten Mietshaus**

____

unterhält er sich **mit zwei Frauen**. Es erfreut die Frauen, **sich zu**

____

unterhalten. Lucius besucht **andere Mietshäuser**. Alle sind

____

groß und schön. Das letzte Haus aber **wird bald**

____

zusammenbrechen. **Der Mann**, der **dort** wohnt, ist zornig.

____

Lucius antwortet **dem Mann** nicht und geht **nach Hause**.

____

Cum domum revertisset, Octaviae narravit, quae cognoverat.
„Insula ultima erat mira“, dixit *farcimen* mordens, quod Octavia ei servaverat.
„Quid dicis?“, rogavit et oculis pulchris attente eum contemplata est.
„Nescio“, Lucius respondit. „Permagno constabit insulam reparare. Aspice descriptiones! Domus quattuor *contignationum* est descripta; ergo duae *contignationes* erunt insuper aedificandae! Sed muri sunt veteres atque marcidi. Quomodo perfici posset? Insulam autem omnino novam exstruere etiam pluris constabit! Operae pretium non est.“

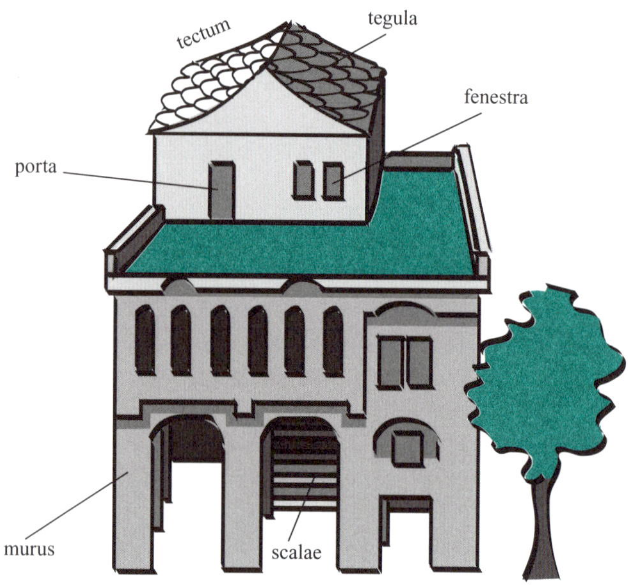

Octavia dixit fronte adducta: „Fortasse tamen operae pretium est, si postea habitationes permagno locare poteris!“
Lucius umeros adduxit.

„Constitui equidem Flavium illum comminus aspicere. Ille est enim, qui architecto postremus opera mandavit. Fortasse narrare potest aliquid."

Übung 57: Setze die oben unterstrichenen Formen der Reihe nach in alle Tempora und Modi!

ÜBUNG 57

Octavia invida Lucium aspexit.
„Audio tantum: ego, constitui, equidem! Quid autem ipsa faciam? Semper mihi est domi manendum atque laborandum!" Sic lamentata *labium* promovit. „Cur numquam mihi licet tecum ire?"
„Quod licet Iovi, non licet bovi", Lucius dixit *subridens* et fraterno modo manu umerum eius impulit. Octavia hoc acerbe tulit.
„Intende, Luci!", dixit irate. „Bene scis te tot inimicos habere, quot habes servos! Haec verba memoriae manda, si vis plures eius modi *nugas* garrire! Meae quoque patientiae sunt fines certi!"

His dictis conclave reliquit; Lucius autem pavidus oculis eam secutus est.
„Mulieres“, tum murmuravit, „quis intellegit, quid velint?“

ÜBUNG 58 !

Übung 58: Übersetze und beantworte (möglichst lateinisch) folgende Fragen zum Text:

1. Cur omnes perturbati erant, cum Lucius domum rediit?

Übersetzung: ____

____

Antwort: ____

2. Quid Lutetia Lucio praebet, ne se de Octavia cessanti interroget?

Übersetzung: ____

____

Antwort: ____

3. Quam sententiam familia Lucii sequitur?

Übersetzung: ____

____

Antwort: ____

4. Quid facit *murena*?

Übersetzung: ____

Antwort: ____

5. Cui erat lacus *murenarum* plenus?

Übersetzung: ____

____

Antwort: ____

Iam die proximo schola finita *statim* domum Flavii petivit. Unus eorum, qui insulam illius habitabat, dixerat ei, ubi Flavium invenire posset; ergo Lucius ad campum Martium iit. Quintum Flavium illum cognoverat habitare in domo, quae non longe aberat a solario Augusti. Lucius deliberavit, quomodo viro diviti appropinquaret. Quid sibi dicendum, quid quaerendum? Num Flavius colloqueretur secum? Quid sibi faciendum, si non liceret sibi Flavio appropinquare? Qui erat solus, cui noverat cum architecto mortuo usum fuisse.

Übung 59: Welche Regel für die Zeitensetzung gilt für die innerlich abhängigen konjunktivischen Nebensätze?

! ÜBUNG 59

____

____

____

____

Consilii expers Lucius ante *solarium* constitit. Miratus est obeliscum magnum, qui ex Aegyptia eo importatus erat. In summo obelisco *pila* aurata solis radiis illuminata micabat, cui erat impositus *aculeus*, qui erat *gnomon* solarii. *Lapides* campi erant lineis atque litteris ornati. Lucius cum minime properaret, conatus est accurate *exquirere*, quae hora esset. Hora sexta diei modo praeterita videbatur, ut solario quidem indicabatur. Omnes autem sciebant *solarium* magnum quidem atque pulchrum, neque vero ad accurate metiendum aptum esse. Arena campi Martii obelisco pressa ita cesserat, ut litterae, quibus *lapides* erant inscripti, non iam vera indicarent. Lucius autem hac re nullo modo est affectus. Aliis curis vexabatur: haec erat hora cenandi! Bene accidit, quod nonnullos nummos secum ferebat. Ergo primo in vicum proximum se vertit et *cauponam* parvam petivit, ut ederet aliquid. Cum morderet ofellam, quod erat opus *pistorium* variis rebus contectum, paene singultu affectus est. Hercle, Lucius solebat edere cibos bene *conditos*, at haec ofella erat tanta copia piperis *condita*, ut etiam Lucio spiritus esset interceptus. *Caupo* cum vidisset convivam anhelantem, risit.

! ÜBUNG 60

*Übung 60: Verbinde im Folgenden die zwei Sätze, indem du jeweils den zweiten in einen **cum**-Satz (Konjunktiv!) verwandelst! Wie muss man das **cum** jeweils übersetzen?*

1. Lucius tussit. Solet edere cibos bene *conditos*.

____

2. *Caupo* risit. Lucius anhelat.

____

3. Lucius intravit *cauponam*. *Solarium* Augusti spectaverat.

____

4. *Caupo* Lucium adiuvare vult. Ceteri convivae rident.

____

„Puto te primum huc venisse!", dixit praebuitque Lucio poculum vino completum, quod erat cum aqua mixtum. Lucius cum liquorem aquam meram putavit, avide bibit. Tum autem ore distorto potum ita evomuit, ut os viri, qui eum adiuverat, perfunderet. Lucius una expalluit atque erubuit. Omnes convivae vultibus in eos conversis propter casum in cachinnos effusi sunt. *Caupo* autem leporem non amisit.
„Primus vinum meum respuis!", dixit capite quassato et os manu detersit. „Licetne tibi soli domum relinquere? Videris periculosus!"
Lucius humane veniam petivit; ita cum caupone colloqui coepit.
„Tune vis Quintum Flavium visitare?", *caupo* rogavit, postquam Lucius ei narravit, quo ire pararet. „Erit tibi paulum exspectandus!"
Lucius *superciliis* ad frontem sublatis eum interrogare videbatur.
„Id temporis dormire solet", *caupo* explicavit et breviter deliberavit. „Verisimile puto eum deinde thermas Agrippae petere, ut solet."

Übung 61: Trage die oben unterstrichenen Formen an der richtigen Stelle ein und bilde die jeweils fehlenden:

Präsens	Imperfekt	Perfekt
______	______	______
______	______	______
______	______	______
______	______	______
______	______	______
______	______	______
______	______	______

Lucius stupuit.
„Unde scis haec?“
„Facile intellectu, mi fili. Unus ex amicis est cliens eius. Semper Flavium persecutus atque adulatus conatur quam maxime divitiis eius frui. Ne ea de causa eum contempseris, puer: certe turpius vitam degere posses.“

Übung 62: Um welche Form handelt es sich bei ***intellectu*** *im vorigen Abschnitt?*

Lucius annuit.
„Tantum hic sedeas et maneas. Flavius cum amicis et sociis semper *cauponam* praeterit, cum thermas petit.“
Lucius manebat. Desidiose viam contemplatus est, quae luce clara illuminabatur. Aestate ea hora iam esset aestus vix tolerandus; at cum ver etiamtum esset, urbs erat aura leni completa. Lucius cogitavit se et familiam fortasse eo anno rursus rus ituros esse, ut avunculum visitarent. Voluit patri persuadere, ut Octaviam secum ire iuberet. *Certe* gauderet, cogitavit, si res cottidianas nonnullos dies fugere posset. Meminerat verborum, quae imprudenter die proximo dixerat et quibus eam offendere noluerat. Sensit diebus proximis sibi magni momenti fuisse, quae Octavia sentiret. Illam Octaviam! Lucius sensit se magno gaudio esse affectum. Numquam ei fuerant multi amici. Postquam grammatico traditus est, amisit illos paucos amicos, quos puer parvus habuerat, qui tum a patribus artem fabrorum discebant. Tum autem Lucius sensit se annis modo praeteritis vitam desertam egisse.
Non aqua, non igni pluribus locis utimur quam amicitia! Lucius sententiam Ciceronis commemoravit.

Übung 63: Übersetze die folgenden Sätze! Sind sie inhaltlich richtig oder falsch?

1. Lucio sunt amici innumerabiles.

____

2. Sententiam Octaviae Lucius magni *aestimat*.

____

____

3. Lucius proverbium Sallustii de amicitia dictum commemorat.

____

____

4. Lucium nullo modo pudet verborum, quae die proximo dixit.

____

____

5. *Caupo* amicum contemnit, quia Flavium adulatur.

____

____

„Puer!“, *caupo* clamavit, ut Lucius meditari desineret. „Veniunt!“ Lucius exsiluit et ostium petivit. Turba virorum laetorum eis appropinquabat. Medius confidenter atque superbe incessit vir pulchris vestibus indutus, qui erat crassus. Huic erat os rotundum atque rubrum, nasus *globosus*; oculi autem conspici vix poterant, cum *supercilia* essent tam spissa.
„Quintus Flavius Iustus“, Lucius murmuravit; tum turbam virorum laete clamantium sequebatur. Omnes Lucium neglexerunt; Flavii

animum enim sibi quisque studuit advertere. Iocis atque verbis blandis eum commovere conati sunt. Lucius putavit eos tamquam *catulos* dominum comitari.

Thermas intraverunt, in conclavi certo vestes deposuerunt, lintea sumpserunt, tum demum palaestram petiverunt. Lucius credere non potuit illum hominem crassum corpus exercere! Putavit eos *statim* sudatorium petere; quod minime accidit. Magno cum gemitu Quintus Flavius pondera sustulit atque demisit, tum pugnis certavit. Lucius in *scamno* consedit, quod non longe aberat. Risum cohibere vix potuit. Ipse non erat procerus, sed iste Flavius ...

ÜBUNG 64

Übung 64: Gib zu den oben unterstrichenen Verben die Stammformen an!

1. ______________________________

____

2. ______________________________

____

3. ______________________________

____

4. ______________________________

____

5. ______________________________

____

6. ______________________________

____

7. ____

____

Lucium taeduit finem exercitationum exspectare. *Opera tessellata* magnifica et *pavimentum* marmoreum splendidum contemplatus est. Quanta luxuria! Familia eius non saepe thermas visitabat, quia pater multum laborabat, ut parum temporis restaret; Lucius autem sciebat homines divites eo ire solere. Quod erat facile intellectu! Magnus erat ibi tumultus, homines de negotiis colloquebantur vel nova narrabant; alii quiescebant, ut se recrearent. Lucius servos, qui ubique cursitabant, repellere conatus est. Studebant eum oleo perfricare, potus et cibos ei praebere, etiam alas eius vellere! Lucius eis, quaecumque obtulerunt, abnuit; censebat enim se non voluptatis causa eo venisse.

Übung 65: Verbinde die folgenden Sätze, indem du jeweils den zweiten als Ablativus absolutus in den ersten einbaust!

1. Flavius incedit. Turba laeta eum comitatur.

____

2. Lucius exsiluit. *Caupo* clamavit.

____

3. Omnes lintea sumunt. Vestes depositae sunt.

____

4. Omnes Flavium commovere conati sunt. Lucium neglexerunt.

____

____

5. Familia Lucii non saepe thermas petit. Pater laborat.

____

6. Lucius in *scamno* consedit. Servos repulsit.

____

„Non vivere, valere vita!“, Flavius clamavit, cum paulo post sudore perfusus exercitationes finivisset. Socii eius magna voce assensi sunt. Duo servi advolaverunt, ut eum oleo perfricarent. Deinde *strigili* sumpta oleum de cute rursus deraserunt. Tum turba tepidario appropinquavit, quae erat cella tepida *scamnis* instructa, ubi homines colloqui solebant. Lucius eos secutus studuit conspicuus non esse, sed apparuit eum nimis conspicuum esse.
„Estne alicui notus iste puer?“, Flavius subito magna voce rogavit et Lucium digito porrecto demonstravit. „Iam diutius nos sequitur!“
Omnes conversi suspiciose eum aspexerunt. Verisimile erat eos timere, ne Lucius quoque *assentator* fieri vellet.
„Quis es tu?“, unus minaciter rogavit et ei appropinquavit.
„Sum ...“, Lucius territus tussire coepit.
„Quid accidit puero?“, Flavius quaesivit. Neque vero id curare videbatur.
„Sum filius Marci Applii Rufi architecti tui!“, Lucius subito confidenter dixit et surrexit. Cum tussiret, deliberare potuerat, quid responderet. Quid autem erat, quod amittere posset?
Animadvertit os Flavii breviter micare. Qui tum oculis parvis porcinis vel artius compressis Lucium a vertice usque ad ungues contemplatus est.
„Ecce!“, lente dixit. „Ecce filius Applii.“ Flavius breviter stupuit. „Ne mentiar, nescivi Applio filium fuisse!“

Übung 66: Bestimme die Kasusfunktion von ***Applio*** *oben im Text!*

ÜBUNG 66 !

____

Lucius sensit ruborem suspectum os suum notare.
„Quid vis, fili Applii?“, Quintus Flavius quaesivit corpore *amplo* in *scamno* posito.
„Age“, Lucius dixit et ei appropinquavit, „tecum colloqui volo de mandatis ultimis illius!“
Flavius acerrime Lucium aspexit.
„Cur? Quid pater tibi narravit, antequam ... quam ... mortem obiit?“
Lucius indignatus tacebat. Ipse Flavium interrogare voluit.
„Quae in Subura aedificanda sunt“, dixit, cum animum aequum recuperavisset. „Cur nondum perfecisti, quae ille descripsit? Suntne alia tibi nunc in animo? An est aliud aedificium in *charta* descriptum?“
Flavius deliberare videbatur. Tum dixit: „Nescio, quid velis, puer. Visne me pro descriptionibus patris tibi pecuniam solvere, quamquam iis non usus sum? Ubi sunt descriptiones? Si mihi dederis, rem iterum cogitare potero.“
Lucium respexit et sine gaudio *subrisit*.
„Descriptiones combustae sunt“, Lucius celeriter respondit.
„Ah, doleo!“, Flavius magna voce clamavit et palmis femina crassa planxit. „Pater tuus erat architectus bonus. Visne me tibi de eo narrare?“
Una caldarium petiverunt, ubi erat *alveus* aqua calida completus. Lucius parato animo auscultavit, cum Flavius ei de operibus patris mentiti narraret. Sensit calorem atque umorem sibi obviam ferri. Caute vaporem spiritu duxit. Sub pavimento illius conclavis in pilis parvis nixo aura igne fornacis calefacta ferebatur. Etiam in parietibus erant canales, per quos aura calida surgere poterat. Iam

saepe Lucius vias occultas difficulter coniunctas admiratus erat. Quam prudenter haec erant inventa! Subito breviter cogitavit se fortasse ipsum architectum fore, ut fuerat pater mentitus. Hoc erat negotium honestum atque quaestuosum. Sensit manum gravem Flavii in umero suo poni.

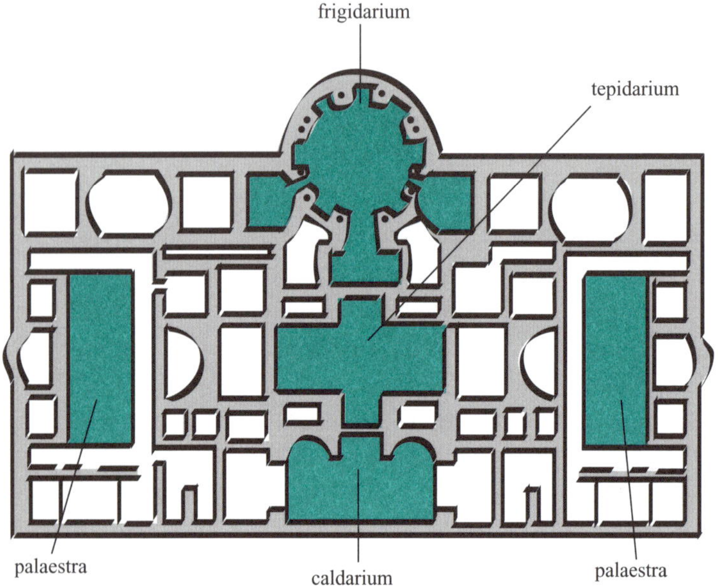

ÜBUNG 67 !

Übung 67: Trage die oben unterstrichenen Formen in die Tabelle ein und ergänze die fehlenden!

Positiv	Komparativ	Superlativ
________	________	________
________	________	________
________	________	________

„Vehementer doleo, quod patri tuo hoc accidit“, ille dixit comam Lucii permulcens. „Videris puer probus esse. Fortasse cras venies, ut mecum cenes; tum ambo deliberabimus, quomodo familiam tuam adiuvare possim.“
Tum Lucius vehementer erubuit. Gaudebat autem, quod id conspicuum non erat propter vaporem et calorem. Comites Flavii, quos neglexerat collocutus, eum invidia aperta adducti irritati aspexerunt. Unus voce suppressa fremuit. Lucius autem noluit ire, ut cum isto viro cenaret; ut toto vespere mentiretur, alium se esse profiteretur? Quod viribus suis perficiendum non putavit. Celeriter Flavium valere iussit et domum properavit, quod pudor et hora sera suadebant.

Lucius per vias se pressit. Eum pigebat, quod nihil invenerat, nihil, ita erat, nihil. Domus vicina erat combusta, homines incendio mortem obierant, ipse autem Lucius rem illustrare non posse se putavit. Erat consilio expers. Fortasse ille vir, quem in ruinis domus viderat, fuerat mendicus aliquis. Quis autem aliter esse poterat? Fortasse nullum arcanum architecti erat, quod aperire posset. Fortasse is, qui architecto mandaverat aedificia sibi describere, re vera erat civis Romanus callidus quidem, sed probus. Flavius Lucio non quidem visus erat homo amabilis, sed tamen humane se gesserat erga eum.
Lucius manu os tersit. Cum esset nimis agitatus illo die, exhaustus atque fatigatus erat.

ÜBUNG 68

Übung 68: Ergänze sinnvolle Endungen!

Lucius Flavi___ interrogat___ nihil se inven___ putat. Flavius Luci___ rog___, num velit di___ proxim___ venire, ut secum cen___. Lucius autem Flavio vale dic___ et dom___ it. Putat fortasse null___ arcan___ architect___ esse. Scit: Octavia dom___ eum exspect___. *Statim* ei de civ___ Roman___ ill___ callid___ narr_____, si dom___ adven_____. Subito autem re___ mir___ conspicit.

Subito stupuit. Nonne erat vir in muro proximo nixus ille, quem in domo combusta viderat? Poteratne credi? Habuit pallium idem, *cucullum* eundem, quo, quamquam tempestas erat serena et sol clare lucebat, paene omne caput tegebatur; figura quoque erat eadem procera atque valida. Cor Lucii celerius pulsare coepit. Vir, quem ignorabat, profectus vicum parvum petivit et ab oculis Lucii abiit. Lucius cucurrit, ut eum persequeretur. Noluit illum hominem iterum se fugere. Lucius rursus miram speciem celeriter alio se vertere vidit. Noveratne ille vir aliquem se persequi? Lucius semper prope muros domorum per vias iit, cum tenebrae crescebant. Mox non iam scivit, ubi esset. Cum ante domum canam constitisset, resiliendo fugit, quae supra caput eius e matula effusa sunt. Lucius naribus corrugatis virum persecutus est. Qui videbatur aliquid certum petere. Eratne ei aliquid mandatum? Subito Lucius haesitavit. Eratne hic vir, quem illa nocte incendio proxima viderat?

Übung 69: Forme in den folgenden Satzgefügen jeweils den Relativsatz in eine Partizipialkonstruktion um!

1. Lucius videt viros, qui semper Flavium comitantur.

____

2. Lucius colloqui voluit de rebus, quae architecto ante mandatae erant.

____

____

3. Vir, qui non iam in murum nixus est, subito profectus est.

____

4. Lucius, qui iam fatigatus est, tamen virum persequitur.

____

Non vacabat, ut talia cogitaret. Constituerat illum virum persequi, quo mens tota occupata erat. Quia conspici noluit, semper paulum cunctabatur. Cum vir in aliam viam se vertit, celeriter eum persecutus est, donec rursus eum vidit.

Lucius animadvertit se circum forum Romanum iter flexisse et tum domum Augusti petere. Neque vero vir, quem ignorabat, ibi constitit, sed extremum angulum circi maximi praeteriit; tum ad portam Capenam se vertit. Lucio pedes dolebant. Iratus cogitavit se in thermis aliquid edere potuisse. Unde autem cognovisset sibi illo die magnis itineribus Romam peragrandam fore?

Pone portam erat ara Fortunae Reducis. Parte sinistra erat vallis Egeriae, qui erat lucus sanctus, in quo fons ortus est. Eo Numa Pompilius rex Romanus cum Egeria nympha convenerat, ut colloquerentur de religionibus, quas dei Romae institui iuberent.

ÜBUNG 70 !

Übung 70: Bilde aus dem Rohmaterial sinnvolle Sätze!

Vir	pedes	ederat.
Lucio	consistere	nota est.
Lucius	porta Capena	petit.
In thermis	domum Augusti	vexatur.
Viro	fame magna	dolent.
Multis	nihil	non placet.

Lucius se pepulit per turbam maximam curruum, quibus erat manendum extra muros usque ad horam decimam. Tum demum licuit eos in urbem vehi. Mercatores colloquebantur, mendici stipem colligere sperabant. Vespere iam appropinquante plures currus in via Appia Romam vehebantur. Lucius cunctatus est. Quidnam vir, quem ignorabat, hic facere voluit? Via praeclara erat monumentis circumdata. Voluitne vir monumentum aliquod adire? Quid ei in animo fuit? Lucius non iam certus ipse se rogavit, num prudenter virum persecutus esset. Cum cunctabatur, virum contemplabatur, qui inter currus incessit.
Exitus acta probat! Lucius denique secum cogitavit et longius processit. Cum iam tam longe isset, putavit reliquam viam sibi etiam conficiendam esse. Secundum viam Appiam virum persecutus est.

Conspectu et territus et commotus est. Aliud Mausoleum iuxta aliud positum erat, quantum viae cernere potuit. Aedificia, quae *lapidibus* fuscis exstructa erant, iuxta clara marmorea erant posita; statuis ostia monumentorum custodiebantur.

Übung 71: Übersetze im folgenden Text alle fettgedruckten Ausdrücke ins Lateinische!

Lucius **verfolgt** den Mann, den **er nicht kennt**. Ihm **schmerzen**

____

die Füße. **Der Mann** jedoch **geht** zur Porta Capena. **Hinter dem**

____

Tor liegt die Via Appia. Dort **sieht** Lucius viele **Grabmäler**. **Er**

____

wird vom Anblick erschreckt. Er sieht auch **einige Kaufleute**,

____

die **sich** miteinander **unterhalten**. Lucius **zweifelt**, ob er dem

____

Mann weiter folgen soll. **Dann** aber **beschließt er**

____

herauszufinden, **was der Mann im Schilde führt**.

____

Denique vir, quem ignorabat, finem consecutus esse videbatur. Aperuit ianuam aedificii parvi neque ita conspicui et intravit.

Lucius mansit, neque vero quicquam accidit. Nesciit, quid faceret. Caute ostio appropinquavit et aliquid auribus percipere conatus est, sed nihil audiebatur. Ianua etiamtum aperta erat. Lucius per ostium speculatus est, quid esset intus. Repente autem aliquis, qui pone ianuam steterat, proruit et *bracchio* eius correpto vi maxima eum in Mausoleum iniecit. Lucius cecidit. In medio Mausoleo humi iacebat, cum porta clausa est. Audivit clavem sonare, tum tenebrae circa sunt ortae. Lucius surrexit et deliberavit, quid sibi accidisset. Conatus est oculos ita aptare, ut aliquid per caliginem perspicere posset. Lapsus sarcophagum offendit. Perterritus recessit. Paullatim intellegebat sibi insidias paratas esse.

! ÜBUNG 72

Übung 72: Wie ist der Ausdruck in ***medio Mausoleo*** *im obigen Absatz zu übersetzen?*

____

Übersetze entsprechend:

in summo capite ______________________________

in superiorem domum ascendere ______________________________

____

summas aures tangere ______________________________

____

summa turris ______________________________

extremis digitis temptare ______________________________

____

mediam urbem petere ______________________________

____

ad infimos montes ____________________

____

„Auxilium!“, voce exili clamavit; tum maiore: „Auxilium!“
„Perge clamitare! Nemo audiet!“, vox extra audiebatur.
Lucius se convertit. Per fenestram cognovit virum aliquem, qui stabat ante portam.
„Quis tu?“, timide rogavit, postquam ad fenestram parvam accessit.
„Hoc nihil tua refert!“, vir respondit.
Lucius putavit sermonem illius hominis mirum esse. Eratne fortasse Aegyptus?
„Quid me vis? Cur me huc allectum inclusisti?“, rogavit.
„Tandem mente sana rogas!“, vir dixit et breviter risit. „Lentissime mihi erat eundum, ne aberrares in viis! Quam agrestis es, puer! At qualia loquor! Tandem es inclusus in monumento Applii! Consilium meum simplex confeci. Videris architecto amicus certus esse, quod tam sedule eius saluti provides. Visne fortasse semper manere in Mausoleo eius?“
„Certe nolo!“, Lucius clamavit; tum vere perterritus est. Eratne illi homini in animo eum ibi fame atque siti interficere?

*Übung 73: Bilde zu den unten angegebenen Formen jeweils die entsprechenden von **velle**, **nolle** und **malle**!*

taces ________ ________ ________

potuissem ________ ________ ________

daremus ________ ________ ________

erit ________ ________ ________

videatis	____________	____________	____________
habuerunt	____________	____________	____________
putaverit	____________	____________	____________
rogaveras	____________	____________	____________

„Habes, quae ante erant Applii. Quae nunc ego habere cupio. Te rogo: ubi sunt descriptiones? Estne mihi opus eorum, ergo responde!"
Lucius haesitavit. Tum ausus est confidenter dicere: „Possum, sed nolo. Prius dic mihi: quid est arcanum descriptionum? Deinde tibi dicam, ubi *chartae* mihi sint abditae."
Vir, qui stabat extra, tacuit. Tum Lucius iterum cachinnum malevolum audivit.
„Haec non est mercatura quaestuosa! Puto te nescire, quam frigidus atque humidus aer sit in Mausoleo! Quod nunc experiri tibi licet. Vaco, diu vacabo. Et tu? Quam diu tu patieris nihil edere, puerule stulte, crasse?"
Lucius offensus tacuit. Tum perterritus auscultavit: audiebat aliquem abire! Vir eum reliquit! „Mane!", Lucius clamavit. „Iam mane!"
„Postea revertar!", vox audiebatur paene misericordia immixta. „Fortasse tum potius esuries ..."

ÜBUNG 74 !

Übung 74: Wandle in den folgenden Sätzen die direkten Fragen in indirekte um:

1. Lucius virum rogat: „Quis tu?"

____

2. Vir rogavit: „Visne manere in monumento, Luci?"

____

3. Lucius e viro quaerit: „Cur me inclusisti?“

___

4. Vir quaesivit: „Ubi sunt descriptiones?“

___

5. Vir rogavit: „Abdidistine *chartas*, Luci?“

___

Octavia cenam parabat; neque vero diligenter laborabat, ut matri saepe admonenda esset.
„Malum!“, clamavit, cum digitum laesisset. *Cultro* in mensam abiecto digitum lambit.
„Quidnam agis?“, Lutetia rogavit. Filia breviter respecta perrexit *holera cultro* minuere.
„Nihil!“, Octavia murmuravit impatienter vicissim in alterum atque alterum pedem nixa. Ubi erat Lucius? Quid agebat? Cur domum non revertit? Fueratne aliqua re impeditus, an malo aliquo affectus? Octavia simulavit sibi digitum *alligandum* esse et foras properavit. Non iam potuit laborare in *culina*! Curis vexabatur; immo vehementer vexabatur! Prima luce Lucius profectus erat, tum ne quidem domum rediit, ut cenaret; quod nullo modo facere solebat!
Quaeram eum, Octavia secum cogitavit; spero me eum inventuram esse!

ÜBUNG 75 !

Übung 75: Verbinde die Präpositionen ***in*** *und* ***sub*** *jeweils mit dem richtigen Kasus!*

Lucius sub ruin___ domus combustae *chartas* invenit, in qu____

sunt descriptiones aedificiorum. Domum revertitur et *chartas* in cubicul___ abdit. Dum autem in ruin____ arcam invenit, vir validus, qui in vi___ stat, eum conspicit. Proximo die vir in dom____ irrepit et *chartas* quaerit. Etiam sub lect____ Lucii serpere vult. Tum autem Nestor libertus virum, qui in cubicul____ Lucii stat, conspicit. Vir Nestore vulnerato aufugit. Etiam sub lect____ Lucii autem *chartas* invenire non potuisset, quia Octaviae mandatae erant.

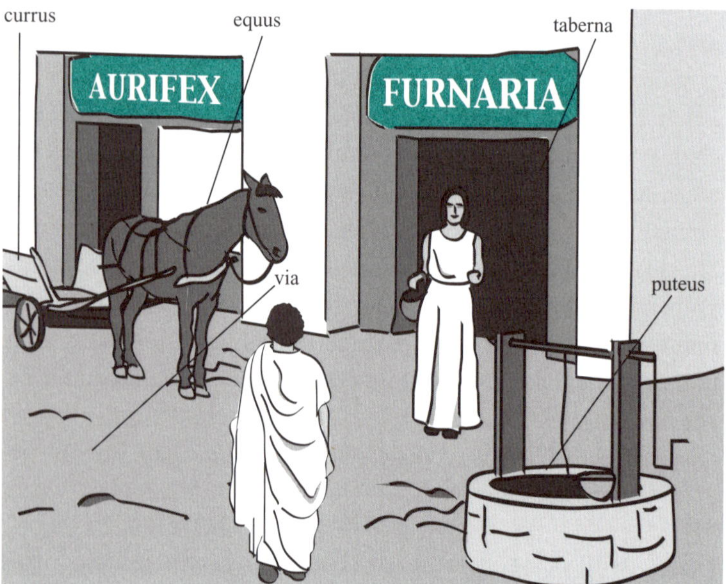

Celeriter secundum viam iit. Gaudebat, quod occasus solis nondum instabat; noluit enim noctu in viis vagari. Roma etiam luce erat satis periculosa, noctu autem nemo omnium hominum san-

orum ausus est foras ire! Octavia scivit, quid sibi faciendum esset: Quintus Flavius erat ei quaerendus, quia etiam Lucius ierat, ut eum videret. Celeriter ad campum Martium cucurrit. Octavia irata erat: Lucio suscensuit, quod tantas curas ei creaverat, sibi ipsa suscensuit, quia tantis curis vexabatur.
Putavit Lucium *certe* studio eius rei provectum et omnia arcana maxima mente pueri taedio affecti ficta esse.
Verisimile est eum cum illo viro divite cena delectari! Talia si aguntur, mox non ignorabit, quis sim! Octavia secum cogitavit et os duxit.

Übung 76: Wandle die folgenden Verbformen ins Passiv um!

ÜBUNG 76 !

interrogat ____________________

audiebas ____________________

laudavistis ____________________

monuerim ____________________

ceperamus ____________________

regat ____________________

finxissent ____________________

vexaretis ____________________

viderunt ____________________

Bene accidit, quod Lucius Octaviae, antequam profectus est, dixerat, ubi habitaret Flavius iste. Qualis erat domus! Octavia attonita constitit et aedificium magnum admirata est. Tum repente intellexit rem difficultatem habere. Nesciit enim, quomodo Flavio illi appropinquaret. Custodes portam tuebantur. Octavia causam fingere non potuit, cur intrare sibi liceret. Primo haesitavit. Tum coepit lente domum circumire. Quae erat horto magno circumdata. Strepitus fontis audiebatur.

Ad parvam portam horti accessit. Nemo conspici poterat, domus tota silentio occupata erat. Octavia deliberabat, num auderet ... Circumspexit, tum in murum humilem insiluit, dein *statim* pone dumetum se abdidit.

! ÜBUNG 77

Übung 77: Bilde zu folgenden Formen die entsprechenden Formen des Perfektstammes!

it ______________________

interficere ______________________

possit ______________________

aguntur ______________________

sperarem ______________________

accedetis ______________________

manebo ______________________

currebamus ______________________

delectetur ______________________

conspiceremini ______________________

audes ______________________

Hoc perfeci! secum cogitavit. Speravit autem Flavio nullos canes esse, qui se brevi tempore laniarent.

Nihil accidit. Profecto paulum processerat! At subito spiritus ei interceptus est. Aliquis hortum intraverat. Per ramos figuram viri crassi conspexit, qui ei sine ambagibus appropinquavit! Octavia penitus in dumeto se abdidit. Vir constitit ad portam horti et sollicitus circumspexit. Videbatur aliquem exspectare. Octavia spirare ausa non est.

Übung 78: Setze in die Lücken im folgenden Text sinnvolle Präpositionen ein:

Lucius _____ vias Romae virum persecutus est. Vir neque ____ *cauponam* iit neque ____ via aliqua constitit, sed _____ ambagibus _____ portam Capenam properabat. Tum Lucius _____ muros _____ monumento Applii inclusus est. Octavia mirata eum quaerit. Ergo domum Flavii petit. _____ horto eius _____ dumetum se abdit, postquam _____ muro desiluit. Vir crassus ____ domo venit et _____ alio viro colloquitur.

„Conspexitne te aliquis?“, vir crassus paulo post susurravit porta aperta.
„Nemo, domine!“, vox suppressa audita est.
„Optime!“, vir crassus dixit verbis alterius probatis. Octavia caute per ramos aliquid perspicere conata breviter vidit virum brevem atque macrum miseris vestibus indutum, qui stabat iuxta virum crassum magnificis vestibus ornatum.
„Advocavi te, ut tibi nova narrarem! Hodie filius Applii architecti me visitavit ...“
Octavia *statim* intellexit illum Lucium fuisse.

„Securi sumus. Applius mortuus est; cum Applio autem omnia crimina eius combusta defossaque. Nulla re ergo impedimur, quin consilio meo utamur."

! ÜBUNG 79

Übung 79: Übersetze die folgenden Sätze:

1. Octavia non dubitavit, quin vir macer pauper esset.

____

____

2. Dubium non est, quin Octaviae magnum periculum insteterit.

____

____

3. Viri non impediti sunt, quin consilio Flavii uterentur.

____

____

4. Octavia non prohibebatur, quin Lucium quaereret.

____

____

5. Octavia non recusat, quin magna pericula subeat.

____

____

„Si solves, quae te solvere promisisti!", vir macer dixit acriter. Ambo breviter attenti tacuerunt.
„Haec nox", vir crassus repente dixit insane, „profecto erit pulcherrima. Quid sentis? Nonne est *interlunium* hodie?"

„*Interlunium* omnino obscurum, domine!“, vir macer clara voce respondit. „Noctem pulcherrimam caecam exspectamus.“
„Ergo omnia, ut destinavimus.“
Porta aperta et rursus clausa est. Vir crassus autem lente domui appropinquavit.

Übung 80: Bilde zu den folgenden Nomina der dritten Deklination jeweils Ablativ Singular und Nominativ und Genitiv Plural. Welcher Klasse lassen sie sich jeweils zuordnen?

nox ______________________________

puppis ______________________________

rex ______________________________

conclave ______________________________

vestis ______________________________

crimen ______________________________

pauper ______________________________

deformis ______________________________

celerior ______________________________

Octavia celeriter sicut felis murum transsiluerat, ut virum macrum sequeretur, qui tergo curvato secundum viam properavit.
Diu vir suspiciosus, qui *cauponam* petierat, Octaviae erat exspectandus. Etiam in via vox eius audiebatur, cum vinum iubebat afferri. Cum tenebrae oriebantur, Octavia frigus sentire coepit. In murum aedificii nixa bracchia perfricuit. Quid erat viro in animo? Certe nihil boni. Debuissetne in horto Flavii manere, ut Lucium

quaereret? At Lucius non iam erat cum Flavio. Cur domum non reverterat, postquam cum Flavio collocutus est? Quaerebantne fortasse tum alter alterum? *Certe* mira fiebant. Octavia speravit, cum virum macrum sequebatur, fortasse se invenire posse, quae gesta essent. Quod alio modo perfici non putavit.

ÜBUNG 81

Übung 81: Übersetze die folgenden Sätze! Sind sie inhaltlich richtig oder falsch?

1. Viri, qui in horto inter se colloquuntur, Octaviam conspiciunt.

____

____

2. Flavius virum macrum advocaverat, ut nova ei narraret.

____

____

3. Lucius in monumento familiae Flavii includitur.

____

____

4. Lucius *statim* viro ignoto *chartas* tradit.

____

____

5. Vir interrogatus, quis sit, respondet id nihil Lucii interesse.

____

____

Multa nocte vir tandem *cauponam* reliquit. Octavia exsiluit. Paene obdormivit! Surrexit et membra rigida concussit. Territa est. Ei non placuit noctu vagari, praesertim cum virum mirum sequeretur, qui *certe* probus non esset. Fortasse erat fur vel latro vel etiam peior! Turba virorum ebriorum magna voce clamantium appropinquante Octavia timide ad murum se pressit. Nonnulli virorum ebriorum diu eam contemplati sunt, tum titubantes atque frementes longius processerunt. Octavia cura liberata suspiravit. Ille vir, qui ante eam ibat, videbatur commeatum sibi paravisse. Nonnumquam amphoram parvam e sinu prompsit, ut magnis haustibus biberet. Octavia fastidio affecta caput quassavit. Putavit vino viros certos foedos atque spurcos fieri. Sin autem erant natura foedi atque spurci, vino etiam peius afficiebantur. Octavia constitit mirata, quid vir faceret. Vidit eum portam insulae deformis manibus tractare.

Übung 82: Trage die oben unterstrichenen Wörter an der richtigen Stelle ein und ergänze die fehlenden Steigerungsformen!

Positiv	Komparativ	Superlativ

Num voluit irrumpere? *Certe* ibi nihil pretiosum erat, quod furari vellet. Erant in vico Suburae, ubi pauperes quidem habitare videbantur, sed qui pulcherrime prope forum situs erat. Vir macer aliquo modo aditum sibi parasse videbatur, nam per ostium vix apertum tacitus insulam intravit. Octavia cunctata eum sequi deliberavit, quid fieret, si conspiceretur. Cum breviter timide rem cogitavisset, virum suspiciosum secuta est. Tenebras circumspiciebat, cum repente in taberna aliquid stridere audivit. Sine strepitu appropinquavit et caute tabernam inspexit. Vir tergo ei adverso pallium scidit. Amphoram vino completam et *lucernam* parvam iuxta humi posuerat. Octavia dubitavit, an esset ille vir mente captus, an vellet ...

ÜBUNG 83 !

Übung 83: Füge im folgenden Text sinnvolle Endungen ein!

Vir e caupon____ ex____. Ebri____ est et amphor____ parv____ secum fer____, quam saepe e sin____ prom____, ut bib____. Octavi____ tal____ vir____ non plac____. Eos foed____ esse put____. Viris ebri____ appropinquant____ timet. Denique insul____ fract____ assequ____. Vir tabern____ pet____, ubi palli____ scind____ incip____.

Octavia in tenebras recessit et in murum nixa est. Timore affecta tam celeriter atque tanto cum strepitu spiritum duxit, ut vereretur, ne vir eam spirare audiret. Iste vir scelestus totam insulam incendere parabat! Certum erat homines, qui habitabant in domo superiore, incendio interfici! Insulam ligno exstructam atque iam putrem celeriter igni consumi constabat. Octaviae quam celerrime

aliquid erat faciendum. Tacita in posticas partes insulae irrepsit, quia putavit ibi cubicula esse. Intravit conclave, quod erat pone tabernam situm, cum ibi dominum tabernae habitare putaret.
„Adestne aliquis?“, voce suppressa rogavit, cum tenebras inspexit. „Age, surge!“

Übung 84: Dekliniere ***postica pars*** *und* ***conclave parvum****!*

ÜBUNG 84 !

Octavia lecto appropinquavit, manibus viam temptavit. Subito sensit manum corripi, corpus torqueri, collum *bracchio* circumdatum esse, cutem *cultro* gelido tangi.
„Dic mihi, quis sis, ut noverim, quem iugulem!“, aliquis a tergo dixit voce stridenti.
„Vobis omnibus magnum periculum instat!“, Octavia susurravit. „Vir quidam insulam incendere vult! Est in taberna. Ades mihi, prohibeamus eum a facinore!“

Vir non diu cunctabatur. Iterum manu eius correpta Octaviam ad tabernam traxit.

„Si mentiris, mortem obibis, fur parva!“, iratus murmuravit. Tum caute oculis in tabernam conversis Octaviam emisit et magno cum clamore tabernam intravit. Vir ille macer perterritus retro cessit et in angulum confugit. Alter vir ante eum constitit et minaciter *cultrum* quassavit. Octavia breviter dubitavit, quis eorum esset atrocior: vir macer, qui vultu horribili foedatus in angulo sedit, an vir ingens iratus, qui sicut turris atra caligini imminebat.

ÜBUNG 85 !

Übung 85: Gib zu den oben unterstrichenen Verben die Stammformen an!

1. ______________________________

____

2. ______________________________

____

3. ______________________________

____

4. ______________________________

____

5. ______________________________

____

6. ______________________________

____

7. ______________________________

____

„Quid erat tibi in animo?“, clamavit.
„Omnia confitebor!“, vir macer dixit lingua haesitante. „Tantum mihi vitam dones!“
Tum omnia celeriter agebantur. Vigilibus ab Octavia arcessitis omnes una cum viro, qui insulam incendere conatus erat, tum autem erat vinctus, domum Flavii petiverunt.

Übung 86: Suche im obigen Abschnitt die Synonyme für folgende Verben und ersetze die jeweiligen Formen: ***fateri, magna voce dicere, temptare, fieri, advocare, adire ad****.*

ÜBUNG 86 !

____

____

____

____

____

____

Qui fatigatus et iratus portam aperuit, postquam vigiles ante domum magnum fremitum fecerunt. Cum vir macer luce hebeti *lucernae* micante Flavium demonstravisset et clamavisset: „Iste, iste me iussit haec facere!“, Flavius tam *luridus* factus est, ut Octavia putaret eum brevi tempore mortuum collabi. Usque ad ortum solis vigiles manebant in domo eius, ut eum interrogarent.

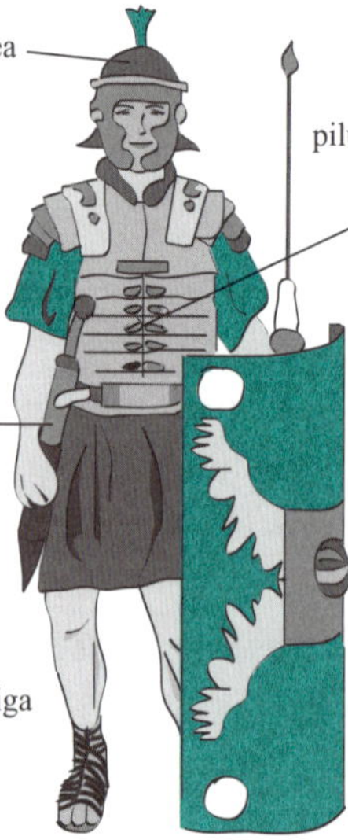

„Hoc est facile intellectu!“, Flavius denique dixit, cum sensisset se negare atque mentiri non iam posse. „Duobus modis potes domum parvo emere: aut paras domum, quae vel iam collapsa vel combusta est, ut aedifices ibi insulam novam et pulchram, quam possis permagno locare.“

! ÜBUNG 87

*Übung 87: Verwechsle nicht die Formen von **parare** (bereiten, a-Konj.), **parere** (gehorchen, e-Konj.) und **parere** (hervorbringen, kons. Konj.)! Übersetze folgende Formen:*

1. pares ____________________
2. pararet ____________________
3. pariatis ____________________
4. parebamus ____________________

5. pariam ___

6. parebat ___

7. paream ___

8. parabit ___

9. pariet ___

„Quem modum multi adhibent!“, dixit unus ex vigilibus ceteros respiciens; qui omnes annuerunt.
„Ita est quidem“, Flavius dixit, „sed doleo tales possessiones difficulter parari, quia multi volunt fortuna tam prospera frui.“ Malevolus *subrisit.* „Aut emis domum deformem atque fractam. Tum autem debes renovare domum, quod minime operae pretium est. Materia permagno constat; re vera autem tota domus paulatim est renovanda. Melius est manere, donec domus corruat ...“
„... et eos, qui ibi habitant, obruat!“, vir, quem Octavia excitaverat, addidit. Flavius umeros adduxit.
„At manendo, donec domus corruat, multum temporis consumi potest. Iam diu posses habere domum novam, quae magno constat, quam magno locare posses...“ Subito insanire videbatur.
„Ergo tuas domos, quas parvo pararas, incendisti, ut eo modo sine magno sumptu insulas novas aedificares!“, Octavia dixit.

Übung 88: Setze die passenden Korrelativa in die Lücken ein!

1. Mercator mercedes non tanto emit, ___ vendit.

2. Insula in *charta* descripta non eadem est, ___ ibi stat.

3. Quotiens Lucius narravit Octaviae, __________ illa oblita est.

4. Lutetia aeque __________ Nestor manu missa est.

5. Lucius non tam crassus est ____________ Flavius.

6. Domus non iam talis est, ____________ fuit ante incendium.

7. Dominus durus dicitur tot inimicos habere, _____ habeat servos.

8. Octavia Lucio ita respondit, ___________ ille rogaverat.

Tum irata virum macrum respexit, qui tacitus solum contemplatus est.
Flavius callide risit.
„Ita est! Quod perficere istum hominem nequam iussi. Hercle, quis animadverteret? Sunt mihi tot domus. Fortasse una vel altera incendio deletur. Incendia semper atque ubique Romae oriuntur."
„Quod maxime dolemus!", unus ex vigilibus dixit.
„Quid de insula, quae erat in via nostra sita? Ubi architectus habitaverat? Eratne haec quoque tua?", Octavia subito rogavit.
„Non erat mea!", Flavius indignatus respondit.
„Cur eam quoque incendi iussisti?", Octavia prona Flavii oculos spectavit.
„Haec res ad me non pertinet! Ego ... fortuna factum est!", Flavius dixit lingua haesitante. Apparuit aequitatem animi eius disruptam esse.
„Fortuna mira!", Octavia respondit suspiciosa. Tum viris narravit de incendio.
„Architectus noverat, quid tibi in animo esset, nonne?", Octavia denique dixit re diu cogitata. „Habuit aliquid, quo tibi minari posset!"

Übung 89: Die Verben ***odisse, meminisse*** *und* ***novisse*** *haben Perfektformen mit präsentischer Bedeutung! Übersetze entsprechend:*

1. ich hasste ______________________________

2. wir erinnern uns ______________________________

3. ihr würdet wissen ______________________________

4. wir werden uns erinnern ______________________________

5. er möge hassen ______________________________

6. sie werden wissen ______________________________

7. du mögest dich erinnern ______________________________

8. er wird hassen ______________________________

9. ich möge wissen ______________________________

10. sie erinnerten sich ______________________________

Flavius Octaviam territus aspexit.
„Descriptiones!“, illa clamavit. „Avaritia adductus architecto narraveras, quae crudelia tibi in animo essent. Qui domos veteres contemplatus novas descripsit. Dein autem iam noluit tibi adesse, estne hoc verum? Tibi minatus est se accusaturum te esse! Tum eum interfici iussisti, cum eum in domo sua combussisti. Sperasti autem cum eo omnia indicia flammis consumptum iri.“
Octavia exsiluerat et huc illuc ierat. Tum ante Flavium constitit et digito eum demonstravit. „Confitere, homicida!“

Übung 90: Übersetze die folgenden Formen! Falls es sich dabei um Kurzformen handelt, gib die Normalformen an!

1. fruere ____________________
2. demonstravere ____________________
3. accusabere ____________________
4. respondere ____________________
5. interficiere ____________________
6. interfecere ____________________
7. persequere ____________________
8. dixere ____________________

Flavius micuit. Etiam paulo luridior factus est, quam fuerat antea. Tacuit. Subito Octavia manu os pepulit.
„Lucius!“, clamavit. „Quod malum Lucio intulisti?“
Flavio celeriter appropinquavit et eum vehementer quassavit.
„Cui Lucio?“, ille timide rogavit. „Abstrahite istam Furiam a me!“
Vix dixerat, cum repente *ianitor* intravit, qui ferebat scriptum.
„Quinto Flavio Iusto litterae traduntur!“, dixit et excitatus omnes aspexit. Videbatur gaudere, quod domino suo difficultates afferebantur.
Etiam in domo divite servi tantum sunt servi! Octavia secum cogitavit.
Praefectus vigilum, qui interim erat arcessitus, epistulam accepit et recitavit: „Flavi! Sunt mihi indicia, quibus demonstrare possum te domos incendi iussisse atque homines necavisse. Si mihi decem milia sestertium dederis, tradam tibi indicia atque semper tacebo. Nisi dabis pecuniam, accusabere et poenas dabis, quibus es dignus. I hodie in theatrum Marcelli, affer nummos. Ego te inveniam.“

Übung 91: Vervollständige die folgenden Konditionalsätze und übersetze sie!

1. Si Flavius neget domos se incendisse, ____________ (mentiri).

____

____

2. Nisi Flavius domos ________________ (incendere), nunc fortiter posset loqui.

____

____

____

3. Nisi Octavia virum excitavisset, domus nunc ________ (ardere).

____

____

4. Si Octavia Lucium dilexerit, eum liberare ___________ (velle).

____

____

5. Si Flavius probus ____________ (esse), domos non incenderet.

____

____

Omnes Flavium aspexerunt, qui sollicitus labium mordebat. „Optime contingit!“, praefectus vigilum dixit. „Neque vero nobis opus est indiciorum. Qui tibi pecuniam exprimere vult, sero venit. Fortuna tecum: parcere poteris divitiis!“

Flavius nihil respondit ad haec; Octavia autem ad praefectum cucurrit.

„Est nobis eundum in theatrum! Qui illi nummos exprimere vult, fortasse scit, ubi sit Lucius!“

Praefectus deliberavit et annuit.

„Possumus conari!“

Ad Flavium se convertit et severe dixit: „Para te ad eundum! Hodie in theatrum ibimus!“

Iam cum petebant theatrum, quod erat insulae adversum prope Tiberim situm, homines conferti ibant. Flavius et Octavia et magna turba vigilum cum ceteris spectatoribus in porticum protrusi sunt. Aedificium circiter quattuordecim milia hominum cepit. Octavia, cui primum in theatrum ire licuit, tantopere excitabatur, ut breviter oblivisceretur Lucii atque fortunae eius. Theatro superiore ascenso caveam *semicirculatam* sedibus acclivis instructam intraverunt. Octaviae scaena magna, ubi *histriones* agere solebant, valde placuit.

ÜBUNG 92 !

Übung 92: Übersetze die folgenden Ausdrücke ins Lateinische:

1. die Ladung zweier Schiffe ______________________

2. sechzehn Soldaten ______________________

3. vierundvierzig Wächter ______________________

4. neunundachtzig Häuser ______________________

5. zweitausend Menschen ______________________

6. dreihundertzwanzig Sitze ______________________

____

7. siebenhundertvier Münzen ______________________________

____

8. achtzehn Jahre ______________________________

Brevi tempore videbo veros *histriones*! laeta secum cogitavit. Iam multum audierat de pantomimis certis, qui ludis excellentissimis animos hominum sibi celerrime conciliaverant.

Octavia retro respexit mirata illam vastam turbam hominum tam sedate atque modeste se gerere. Fortasse ea fiebant, quia omnes sciebant, ubi considere sibi liceret: Barbari et mulieres sedes, quae in posteriore parte sitae erant, petiverunt. Octavia quoque a comitibus separata est; nam quia puella et serva erat, debuit considere in superiore parte, quae erat deterior, cum Flavius peteret inferiorem partem. In media cavea enim civibus Romanis considere licuit, in ordine primo autem, ubi sellae erant positae, senatoribus, post quos sedebant equites.

Übung 93: Verneine die folgenden Sätze!

1. Octavia est ancilla Servii Marcelli.

____

2. Lucius dubitavit, an Marcus aemulus sui esset.

____

3. Quaere domum Flavii!

____

4. Si Lucius virum persequitur, in monumento includitur.

____

5. Octavia domi mansit, ut Lucium exspectaret.

___

6. Vir prohibitus est, quominus domum accenderet.

___

A sede Octavia diligenter observavit, ubi considerent Flavius et magna turba hominum, qui eum comitabantur. Nimirum aegre tulit se non cum viris manere posse. Quanta dedisset, ut vir Romanus fieret! Bene autem accidit, quod optime Flavium et custodes eius videre potuit; octo enim ordinibus sedum tantum separabantur. Tamen iterum atque iterum theatrum circumspexit. Quam magnificum erat! Quanto opere animus Octaviae excitabatur!
Octavia sperabat illum, qui nummos Flavio exprimere voluit, fabula finita venturum esse; putavit enim eum esse diem unum, quo sibi liceret fabulam spectatum ire.
Invida mulierem, quae iuxta sedebat, spectavit. Illa enim nonnullas delicias in *gremio* positas avide comedere coepit.
Qui nummos auferre vult, *certe* callidus est! Octavia secum cogitavit conata fremitus ventris oblivisci. Prudenter Flavium in theatrum venire iussit. Facile non esset Flavio virum aggredi. *Certe* nollet tumultum magnum fieri. Sin autem loco quieto convenissent, Flavius sine mora descriptiones ei ademisset vel fortasse eum etiam interfecisset!

ÜBUNG 94 !

*Übung 94: Bilde zu den folgenden Formen die entsprechenden von **ire**, **ferre** und **fieri**!*

habes	___	___	___
venissem	___	___	___
poneremus	___	___	___

sedebit	______	______	______
sitis	______	______	______
iusserunt	______	______	______
oblitus erit	______	______	______
coeperas	______	______	______

Octavia subito desinere talia cogitare coacta est. Nonnulli *histriones* in scaenam venerant. Puella cum modo scaenam, modo Flavium spectaret, non satis *certe* intellegere potuit, quae in scaena agerentur. Octavia paulum doluit *histriones* non *personatos* esse, ut exspectaverat. Qui magna voce clamaverunt riseruntque, os duxerunt, *nugas* egerunt. Interdum Octavia vix intellegere potuit, quid *histriones* dicerent, quia spectatores tanto opere fremuerunt.

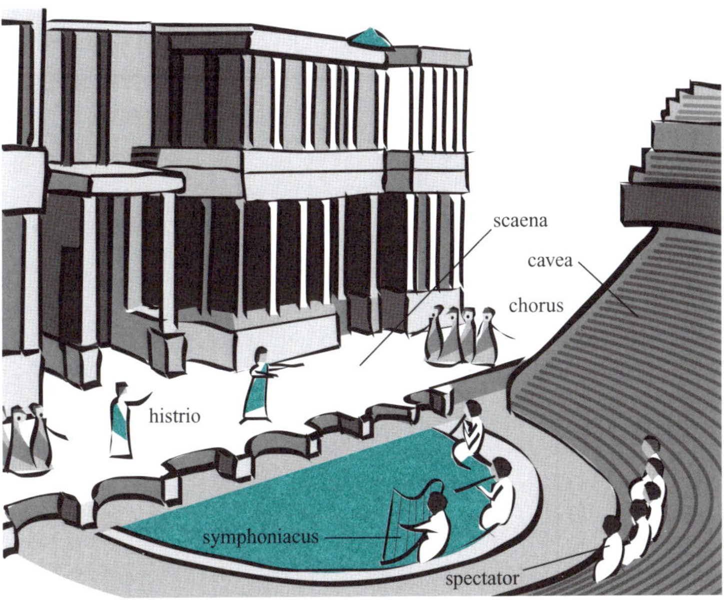

Se alia laudare, alia reprehendere omnes magna voce *histrionibus* clamitabant; qui interdum irati turbae hominum responderunt. Paulatim Octavia fremitu assueta tumultu delectabatur. Quantus erat sumptus! Equi in scaenam ducti sunt, magna proelia commissa sunt, ut arma demonstrarentur, tum *histrio* aliquis per aerem vectus est, tum subito evanuit: putares terram eum hausisse. Octavia autem sicut ceteri spectatores excitati plausit et pedibus terram pepulit.

! ÜBUNG 95

Übung 95: Setze die folgenden korrespondierenden Partikeln sinnvoll in die Sätze ein! **(et – et; neque – neque; non solum – sed etiam; aut – aut; vel – vel; cum – tum)**

1. Octavia theatro delectatur, ____________ quia primum eo venit ____________ quia *histriones* ei placent.

2. Octavia ______________ virum prohibere, ne incendat domum, ______________ Lucium liberare vult.

3. Octavia _____________ Lucio _____________ sibi ipsa suscensuit.

4. ___________ Octavia ___________ vigiles ludo delectantur.

5. Octavia putat ___________ Flavium ___________ virum, qui ei nummos exprimere vult, scire, ubi sit Lucius.

6. Lucius _____________ domi _____________ cum Flavio est.

Octavia sensit se theatro maxime delectari. Neque vero haec erat una e fabulis, quas Lucius in schola legere solebat: erat fabula plebi conscripta!

„A tergo, a tergo!“, Octavia cum ceteris clamavit, cum vir vestibus fuscis indutus, qui mucronem manu ferebat, actori primas partes agenti caute appropinquaret. Tum subito *perhorruit*. Quid ibi apud Flavium gerebatur? Turba magna virorum surrexerat et tum ostium petebat. Erantne spectatores irati, qui fabula nondum finita abierunt? Non erant. Octavia Flavium, cuius vultus erat rigidus, per turbam hominum exire conantem vidit vigilibus multis comitantibus.

Octavia fabulae *statim* oblita exsiluit et ad ostium properavit.

Lucii omnino oblita sum! secum cogitavit culpae conscia. Speravit vigiles virum, qui pecuniam Flavio exprimere voluit, cepisse eumque scire, ubi esset Lucius.

Anhelans viros assecuta est.

„Quid est factum?“, Octavia rogavit.

Unus ex vigilibus ore ad eam converso „sedebamus“, inquit, „et fabulam spectabamus. Quid enim faceremus? Subito a tergo vir quidam insusurravit aliquid in aurem Flavii. Difficile non erat. Antequam sensit, quid ageretur, eum iam cepimus.“

Vigili non satisfactum esse videbatur. Fortasse erat iratus, quod finem fabulae exspectare non potuerat.

Übung 96: Setze den obigen Abschnitt ins Präsens!

____

____

____

____

„Ubi est?“, Octavia rogavit patientia omissa.

Vigil tacitus virum procerum atque validum, qui inter duos vigiles incessit capite erecto, demonstravit.

Octavia ad eum cucurrit.

„Ubi est Lucius? Quod malum ei intulisti?“, clamavit *bracchio* viri correpto. Qui eam sicut *muscam* molestam decussit.

„Mane, mane!“, praefectus vigilum dixit. „Deinceps eum interrogabimus.“

Octavia conticuit. Capite submisso viros sequebatur, donec ante theatrum in angulo quieto constiterunt.

„Age dic!“, praefectus vigilum imperavit et virum aspexit. „Unde certior factus es Flavio turpia in animo esse?“

Vir tacuit.

„Hic est Cleopus, servus Applii!“, Flavius exclamavit et virum perturbatus contemplatus est. „Semper cum eo erat, architecti comes fidelissimus, operis socius optimus!“

ÜBUNG 97 !

Übung 97: Übersetze ins Lateinische:

1. Das ist die Sklavin des Servius Marcellus.

2. Das ist das Buch des Sohnes des Marcellus.

3. Das sind Lucius' Kleider.

____

4. Das sind die Türhüter des Applius.

____

5. Das sind die Schlafzimmer der Sklavinnen.

____

6. Das ist der Tempel des Jupiter.

____

„Putavi te illa nocte perisse!", Octavia mirata est.
„Nonne tu quoque putasti, Flavi?", vir lente dixit et Flavium aspexit. Qui vultum submisit, cum eum puderet rei.
„Domino meo notum erat, quid Flavio in animo esset. Diu eum adiuvabat, cum insulas describebat, quia magnas opes sibi parare poterat. Tum noluit pergere. Tanto opere miseritus est hominum, quibus Flavius incendiis miseriam intulerat, ut quiescere non iam posset. Ergo rei finem imponere constituit. Flavium indicare voluit, ut accusaretur."
Servus conticuit. Tum voce suppressa perrexit loqui: „Flavius autem suspicionibus adductus consilia domini mei comperit. *Certe* timuit, cum res sua ageretur. Ergo perfecit, quae perficere solebat: domum nostram incendit, dum nos vincti in lecto nostro iacebamus. Fortuna certa esse videbatur. Flavius nos interficere voluit."
„Tace!", Flavius clamavit. Iracundia adductus erubuit.
„Semper tace! Quis enim servo credat?"
Ferociter circumspexit.
„Servo non licet me accusare! Hoc est ius civium Romanorum! Res duobus pedibus praedita me accusare non potest! Quod enim es, serve: res duobus pedibus praedita!"

ÜBUNG 98

Übung 98: Übersetze die folgenden Sätze! Sind sie potenzial oder irreal?

1. Dicat aliquis Lucium nimis crassum esse.

2. Octavia viro non dixisset, ubi essent *chartae*.

3. A via aberravi. Tum crederet aliquis me stultum esse.

4. Si posset, Octavia Cleopum libenter adiuvaret.

Octaviae spiritus interceptus est. Irascebatur.
„Nolui te accusare!“, Cleopus ieiune respondit et ante pedes eius *exspuit*. „Quod dominus meus facere parabat. Ego autem indicia mihi paravi, ut nummos tibi exprimerem. Videris huius rei oblitus esse, homo stulte crasse! Pecuniam auferre volui, ut tandem liber iterum essem. Nolo ultra servus manere!“
E sinu prompsit *chartas* nonnullas, quas humi abiecit. Octavia *statim* recognovit descriptiones architecti. Attonita oculos ardentes servi aspexit nulla voce emissa. Sensit, quid ille sentiret. Ipsa erat ancilla, ipsa libertatem desiderabat, sed libertatem numquam cognoverat. Quam dira sors erat hominem natu liberum in servitutem addici!

Übung 99: Setze passende Pronomina in die folgenden Sätze ein!

1. Cleopus est servus architecti ________________.

2. „__________ servus nequam me accusare non potest!"

3. _____________ domino absente in domum irrupit.

4. Cleopus et Flavius conveniunt; __________ domum incenderat,

___________ omnes putant in flammis mortem obisse.

5. Semper sunt, __________ errent!

6. Suos _________________ amat!

7. ____________________ facere vult, non sunt bona!

„Contemplamini indicia!", Cleopus dixit acervam *chartarum* cum fastidio demonstrans. „Mihi ista nunc vilia atque inania sunt. Etiam epistulam Flavii, quam domino meo scripsit, invenietis. *Certe* vestra maxime interest, ut eam cum descriptionibus spectetis!"
„O Cleope!", dixit vir, qui e porticus umbra processerat et tum eis appropinquavit. Chartis sublatis omnes circumspexit.
„Appli!", Cleopus et Flavius una exclamaverunt.
„Ita est!", architectus respondit vestes sordidas permulcens. „Qualis videor, postquam incendium factum est!"
Fatigatus abnuit.
„Cum me servumque istum meum", Cleopum enim demonstravit, „liberassem, effugimus et in latebras ultimas Romae nos abdidimus. Iam nihil erat mihi. Omnia mea combusta erant, Flavius autem me interficere voluit. De salute desperavi. Servus meus promisit se indicia scelerum Flavii quaesiturum esse, ut eum denique

accusare et vitam placidam degere possem. Gaudebam, quod fortunae meae consulere videbatur. Sed cum in latebras nostras redibat, semper affirmavit se nihil adeptum esse.“

ÜBUNG 100 !

*Übung 100: Die Formen von **audire** und **audere** können leicht verwechselt werden! Übersetze die folgenden Formen:*

1. audebas ______________________
2. audiebatur ______________________
3. audemus ______________________
4. audiatis ______________________
5. audirent ______________________
6. auderet ______________________
7. audies ______________________
8. audebit ______________________
9. audebat ______________________

Applius servo suo appropinquavit. Maestus manum eius tetigit. „Te amicum meum duxi. Putavi te me adiuvare velle. At tua id tantum interest, ut ipse fructum capias!“

Cleopus manum manui subduxit seque avertit.

„Tum Cleopus mihi in suspicionem venit“, Applius perrexit loqui, „nam sollicitior videbatur raroque veniebat, ut me videret. Ergo sensi me celari de aliqua re. Putavi eum incommoda sibi mea causa paravisse, adiuvare eum volui. Ergo servum meum clam persequebar, donec huc me duxit.“

Applius consilii expers videbatur.

Übung 101: Forme in den folgenden Sätzen den Ablativus comparationis in einen Ausdruck mit ***quam*** *um!*

1. Octavia Lucio maior est.

___

2. Servus Lucio celerius currit.

___

3. Lucius grammatico docente condiscipulis melius discit.

___

„Ubi est Lucius?“, Octavia timide e Cleopo quaesivit. Ille vir videbatur libertatis causa et ad pericula magna subeunda et ad scelera paratus esse. Quod malum Lucio attulerat, ut descriptiones sibi pararet?

„Dicisne illum puerulum crassum, qui mihi prodidit *chartas*?“ Cleopus tarde ad Octaviam se convertit. Lacrimae oculis eius suffusae erant.

„Ita est!“

„Adhuc in Mausoleo familiae Applii inclusus est. Cur enim se meis negotiis immiscuit? Bene accidit, quod hac nocte Flavii epistulam suspiciosam, in qua Applium nova aedificia describere iussit, mecum auferre potui. Et descriptiones aedificiorum et forma urbis autem nobis relinquendae erant, cum domus nostra arsit. Ut Flavio nummos exprimerem, mihi etiam descriptionum opus erat! Ergo Lucio tuo eas adimere constitui. Erat fortissimus, sed fames denique fortitudinem et constantiam eius vicit.“

Cleopus tacitus *subrisit*.

„Crede mihi in animo fuisse pecunia ablata eum liberare!“

Octavia ei annuit.

„Tamen tu moriturus!“, Flavius iratus exclamavit et pugno aerem concussit. „Num putas te culpae vacuum, quia illi puerulo pepercisti? Minime! Poenas scelerum dabis!“

ÜBUNG 102 !

Übung 102: Füge die richtigen Verben in die folgenden Sätze ein!
(expetere, sumere, dare, effugere)

1. Servus poenas sceleris ______________ non potest.
2. Iudices poenas Flavii scelerum ________________.
3. Flavius poenas debitas ________________.
4. Architectus, cuius domum Flavius combussit, poenas ____________ vult pro maleficio.

Cleopus sicut feles magna complicitus subito terribili cum clamore turbam vigilum, qui eum Flaviumque circumstabant, umeris validis disiecit. Qui cum talem impetum non exspectavissent, in pulverem viae abiecti sunt. Nonnulli servum persecuti sunt, Octavia autem vidit illos eum assequi nullo modo posse.
„Melius est!“, Applius dixit rebus cogitatis. „Quamquam me destituit, tamen mihi fuerat amicus fidus. *Certe* capitis damnatus esset, qua re vehementer doluissem.“
„Servus fugitivus atque homo scelestus ille *certe* vitam miseram deget“, praefectus vigilum respondit.
„Possumusne tandem Lucium liberare?“, Octavia voce exili viros ursit. Noluit de fortuna misera illius servi cogitare.
„Liberemus eum!“, Applius dixit promptus. Ergo omnes profecti sunt.

ÜBUNG 103 !

Übung 103: Übersetze die folgenden Ausdrücke ins Lateinische!

1. der erste Tag ________________________________
2. das vierzehnte Jahr ____________________________

3. die dreiundfünfzigste Reihe ______________________

4. der siebenhundertste Mann ______________________

5. der zweitausendste Stein ______________________

„Auri sacra fames!", Lucius dixit sapienter comites aspiciens.
„Ita est!", Octavia respondit et risit. „Numquam vero Flavius ille aurum manibus tenebit!"
Octavia et Lucius et Applius inter honoratissimos homines in circo maximo sedebant. Illa autem excitata crines magno studio compositos tetigit. Stola caerulea induta erat; anulus aureus digito eius affixus micabat sole lucente, labra fuco colorata erant.

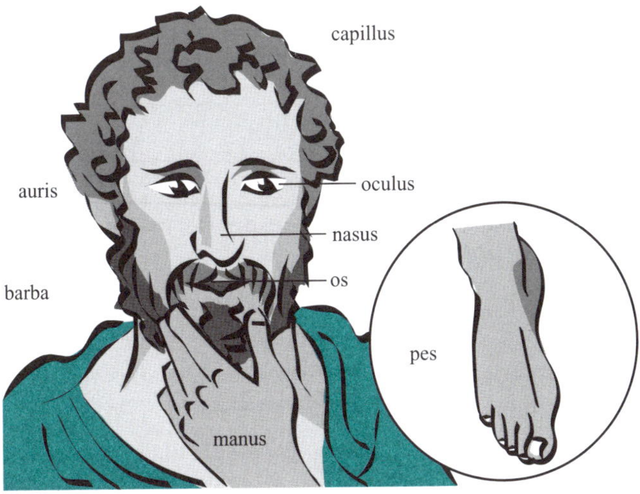

Lucius putavit eam talibus vestibus indutam tantoque studio fucatam pulcherrimam quidem esse, sed videri plures annos habere, quam re vera haberet. Quod moleste tulit, nam et ipse toga pulchra indutus erat, quae tamen erat toga pueri. Puduit eum, cum vestitum suum spectaret. A quo deflexus est plausu, quem spectatores dabant statuis deorum in arenam inlatis.

„Factis amicae tuae fortissimae perfectum est, ut huc veniremus!“, Applius, qui animadverterat Lucium maxime delectatum esse, dixit et aperte *subrisit*.

ÜBUNG 104 !

Übung 104: Bilde zu den folgenden Formen das Perfekt! Welche Perfektbildung liegt jeweils vor?

1. mitto ______________________
2. liberat ______________________
3. dicimus ______________________
4. videtis ______________________
5. respondes ______________________
6. tenent ______________________
7. currimus ______________________

Octavia risit. Decus maximum duxit se et Lucium propter facta sua invitatos esse, ut ludos spectarent. Prope principem sedebant, qui honos maximus habebatur.
„Semper omnes obliviscuntur fortitudinis meae, prudentiae meae“, Lucius fremuit. „Ego Octaviae narravi de Flavio, ut posset...“
„Bono sis animo, Luci!“ Octavia eum illusit. „Etiam vir caecus facere nullo modo posset, quin *sagacitatem* tuam videret!“
Omnes riserunt. Etiam Lucius risum cohibere non potuit. Re vera putavit nihil sua referre, utrum ipse an Octavia potius rem illustravisset. At maxime sua referre putavit neminem violatum esse. Lucius breviter *perhorruit*, cum meminisset illius monumenti caeci, angusti, humidi, in quo inclusus erat.
Potius meminerat eorum, quae acta erant, postquam liberatus est. Flavius paulo post in iudicium vocatus erat. Qui domos incende-

bant, severe puniebantur; quod enim maximi momenti erat Romanis. Iudices Flavio opes adimi iusserant. Qui tum vir pauper in exilium ierat. Applio autem, ut damnum ei restitueretur, duas domos Flavii mandaverant, ubi tum rursus munere architecti fungebatur. Iudices praeterea Servio Marcello suaserant, ut Octaviam manu mitteret, cum non modo Lucium conservavisset, sed etiam hominem scelestum maleficii convicisset. Cum Servius Marcellus paulo post Octaviam manu misisset, illa gaudio adducta fleverat. Lucius autem ei anulum donaverat, quo ei gratias rettulit. Qui anulus tum micabat digitis longis eius affixus. Tum omnes sedebant in circo maximo et ...

Übung 105: Setze die richtigen Verben in die Lücken ein!
(referre, agere, debere, habere)

1. E monumento liberatus Lucius Octaviae *statim* gratias ____________.
2. Etiam cum sedent in theatro, Lucius Octaviae gratiam ____________.
3. Manifestum est Lucium Octaviae gratiam ____________, quod eum e monumento liberavit.
4. Cum Lucius Octaviae anulum aureum donat, ei gratiam ______.

„Veniunt!“, Octavia clamavit et e sede exsiluit. Ita erat! Iam *mappa*, qua significabatur initium certaminis, in arena iacebat. Quadrigae e *carceribus* apertis emissae sunt. Clamor ortus est, quo Lucius maiorem numquam audierat. Qui tum excitatus cum ceteris clamare coepit.
Periculo propulsato die festo optime frueris, Lucius secum cogitavit breviter familiares suos respiciens. Experto credite!

Abschlusstest

Übung 1: Übersetze die folgenden Formen! Achte darauf, ob die Formen mehrdeutig sind! Gib an, um welchen Kasus es sich handelt.

1. paremus ______________________
2. descriptiones ______________________
3. incendia ______________________
4. mane ______________________
5. sitis ______________________
6. donabere ______________________
7. habuere ______________________
8. pondere ______________________

Übung 2: Übersetze die folgenden Sätze ins Lateinische:

1. In Rom brechen häufig Brände aus.

____

2. Nachdem das Haus angezündet worden war, brannte es sofort.

____

3. Das ganze Haus ist abgebrannt.

____

4. Der Architekt zeichnet Pläne von Häusern auf Papyrusrollen.

____

5. Octavia legt die Pläne auf den Tisch.

____

6. Lucius verlässt sein Schlafzimmer und bleibt im Atrium stehen.

____

Übung 3: Bilde zu den folgenden Formen die entsprechende Form des in Klammern stehenden Wortes!

1. domorum (custos) ______________________
2. vultis (ferre) ______________________
3. eramus (nolle) ______________________
4. insulas (descriptio) ______________________
5. incendiis (cives) ______________________
6. ancillae (servus) ______________________
7. domini (manus) ______________________
8. parabitis (audire) ______________________
9. iudicio (domus) ______________________

Übung 4: Setze die folgenden Sätze in die Vergangenheit!

1. Lucius dormit, cum repente Nestor clamat.

____

2. Lucius *statim* e lecto exsilit, ut viros adiuvet.

____

3. Postea servus Gnaei affirmat incendium mirum fuisse.

____

4. Octavia cum primo non credat arcanum esse, Lucium tamen adiuvat.

____

____

5. Postquam Lucius virum persecutus est, in monumento includitur.

6. Quamquam nox iam appropinquat, Octavia domum relinquit.

Übung 5: Verbinde folgende Sätze in geeigneter Weise!

1. Lucius domum non redit. Octavia eum quaerit.

2. Lucius servos repulsit. Tum in *scamno* consedit.

3. Lucius virum persequitur. Virum ignorat.

4. Flavius virum rogavit: „Conspexitne te aliquis?"

5. Octavia non dubitat: Vir macer improbus est.

6. Lucius e monumento liberatus est. *Statim* Octaviae gratias egit.

7. Vir non prohibitus est. Domum intravit.

8. Cleopus timet: „Capitis damnor!"

9. Cleopus e Lucio quaerit: „Ubi sunt descriptiones?“

10. Lucius abest. Octavia curis vexatur.

Übung 6: Beantworte (lateinisch!) folgende Fragen zum Text!

1. Estne Lutetia Romana?

2. Estne Octavia ancilla Marcelli, cum sedent in circo maximo?

3. Licetne in theatro Romano considere, ubicumque vis?

4. Cur Servius Marcellus Lucium grammatico in disciplinam tradidit?

5. Quis Romae vigilibus imperat?

6. Quid faciunt vigiles Romani?

7. Quem Flavius flammis necare voluit?

8. Estne Flavius vir probus?

9. Gaudetne Octavia, quod manu missa est?

Lösungen

Übung 1: o-Deklination; dominus, domini, domino, dominum, domino; domini, dominorum, dominis, dominos, dominis; atrium parvum, atrii parvi, atrio parvo, atrium parvum, atrio parvo; atria parva, atriorum parvorum, atriis parvis, atria parva, atriis parvis
Übung 2: domus, aedes (Plural!), insula (Mietshaus), aedificium (Gebäude), tectum (Dach), casa (Hütte). Bereits vorgekommen: aedes, domus
Übung 3: Relativpronomina, Reflexivpronomina, Fragepronomina, Superlative; Proximus quisque, proximi cuiusque, proximo cuique, proximum quemque, proximo quoque; proximi quique, proximorum quorumque, proximis quibusque, proximos quosque, proximis quibusque
Übung 4: alius: (irgend)ein anderer; alter: der andere (von zweien); im Plural: alii: (irgendwelche) andere; ceteri: die übrigen
Übung 5: 1. eripere, eripio, eripui, ereptum 2. effundere, effundo, effudi, effusum 3. auferre, aufero, abstuli, ablatum 4. conicere, conicio, conieci, coniectum 5. consistere, consisto, constiti 6. asciscere, ascisco, ascivi, ascitum 7. mittere, mitto, misi, missum
Übung 6: quae = aliquae; Nach si, nisi, ne und num fällt das ali- um!
Übung 7: domus, domus, domui, domum, domo, domus, domorum, domibus, domos, domibus
Übung 8: Gerundium
Übung 9: Konsekutivsatz
Übung 10: a-Deklination; via *ampla*, viae *amplae*, viae *amplae*, viam *amplam*, via *ampla*; viae *amplae*, viarum *amplarum*, viis *amplis*, vias *amplas*, viis *amplis*
Übung 11: Ablativus absolutus. Postquam *situlae* humi positae sunt, omnes lacertos dolentes perfricuerunt *oder* Cum *situlae* humi positae essent, ...; „Quia fortuna nos adiuvit, haec nox omni vento carebat." *oder:* Cum fortuna nos adiuvaret, ...; Cum etiam ceteri viri riderent, Lucius se erubescere sensit.
Übung 12: 1. Wer hat Lucius aus dem Schlaf geweckt? Antw.: Nestor Lucium excitavit. (Nestor hat Lucius geweckt.) 2. Wer heißt Lutetia? Antw.: *Coquae* familiae est nomen Lutetia. (Die Köchin der Familie heißt Lutetia.) 3. Ist Lutetia Sklavin des Marcellus? Antw.: Lutetia ancilla non est, sed est liberta. (Lutetia ist keine Sklavin, sondern Freigelassene.) 4. Wer ist Sklavin des Marcellus? Antw.: Octavia est ancilla Marcelli. (Octavia ist die Sklavin des Marcellus.) 5. Wer löscht in Rom gewöhnlich Brände? Antw.: Vigiles incendia exstinguere solent. (Die Vigiles löschen gewöhnlich Brände.) 6. Wessen Tochter ist Octavia? Antw.: Octavia est filia Lutetiae et Nestoris. (Octavia ist die Tochter von Lutetia und Nestor.) 7. Wie lange arbeiten die Menschen? Antw.: Homines laborant usque ad ortum solis. (Die Menschen arbeiten bis zum Sonnenaufgang.)

Übung 13: maior fremitus, maioris fremitus, maiori fremitui, maiorem fremitum, maiore fremitu; maiores fremitus, maiorum fremituum, maioribus fremitibus, maiores fremitus, maioribus fremitibus
Übung 14: notus, notior, notissimus; clarus, clarior, clarissimus; pulchris, pulchrioribus, pulcherrimis; speciosis, speciosioribus, speciosissimis; remotis, remotioribus, remotissimis
Übung 15: civis dives, civis divitis, civi diviti, civem divitem, cive divite; cives divites, civium divitum, civibus divitibus, cives divites, civibus divitibus
Übung 16: 1. admirari, admiror, admiratus sum 2. diligere, diligo, dilexi, dilectum 3. desiderare, desidero, desideravi, desideratum 4. obire, obeo, obii, obitum 5. iubere, iubeo, iussi, iussum 6. praebere, praebeo, praebui, praebitum
Übung 17: 1. Lucius durfte nach dieser Nacht lange schlafen. (falsch) 2. Die Familie des Marcellus hat einige Sklaven. (richtig) 3. Lucius ist schlank, obwohl er gewöhnlich häufig etwas isst. (falsch) 4. Lucius hat vier Brüder; er selbst ist der jüngste. (richtig) 5. Lucius, der mit großer Begabung ausgestattet ist, möchte die Goldschmiedekunst lernen. (falsch)
Übung 18: „Audivi: apud vos fuit incendium." Lucius saepe miratus est, quod Gnaeus tam celeriter omnis generis nova cognoscebat. Lucius narrat domum adversam arsisse. Narrat etiam vigiles adfuisse.
Übung 19: breve tempus, brevis temporis, brevi tempori, breve tempus, brevi tempore
brevia tempora, brevium temporum, brevibus temporibus, brevia tempora, brevibus temporibus
Übung 20: 1. dicere, dico, dixi, dictum 2. construere, construo, construxi, constructum 3. *coquere*, coquo, coxi, coctum 4. concipere, concipio, concepi, conceptum 5. consumere, consumo, consumpsi, consumptum 6. collabi, collabor, collapsus sum; Perfektbildung: s-Perfekt und Dehnungs-Perfekt (Nr.4)
Übung 21: interponit, interponebat, interposuit; intercedit, intercedebat, intercessit; dicis, dicebas, dixisti; rogant, rogabant, rogaverunt; aspicit, aspiciebat, aspexit; imperat, imperabat, imperavit; respondet, respondebat, respondit; est, erat, fuit; oritur, oriebatur, ortum est
Übung 22: Dativus finalis
Übung 23: Gnaeus respondit id tantum conici. Gnaeus antwortete, es werde nur vermutet. Lucius ait secum eum fortasse interemptum esse. Lucius sagte bei sich, er sei vielleicht umgebracht worden. Cogitavit id esse demonstrandum. Er dachte, dies müsse bewiesen werden.
Übung 24: 1. Relativsatz; Relativpronomen 2. Modalsatz; cum identicum 3. Kausalsatz; cum causale 4. Finalsatz; finales ut
Übung 25: Genitivus pretii
Übung 26: ii, isti, iit, iimus, istis, ierunt; spectavi, spectavisti, spectavit, specta-

vimus, spectavistis, spectaverunt; constiti, constitisti, constitit, constitimus, constitistis, constiterunt

Übung 27: Genitivus obiectivus

Übung 28: Lucius primo **sine** Gnaeo **e** domo exit. **Ad** scholam ire parat. **A** domo parentum secundum viam usque **ad** proximum trivium it, ubi Gnaeus eum exspectat. Tum **cum** Gnaeo scholam petit. Gnaeus ei **de** architecto narrat, qui **in** domo combusta habitaverat. **De** muro vigil eos spectat. Schola finita Lucius domum ire vult. **In** foro autem rostra contemplatur. Quia sol lucet, **sub** tectum templi magni fugit. Dum stat **sub** tecto, admiratur templum Castoris et Pollucis, quod est **iuxta** aedem Caesaris situm. Tandem **ad** Suburam se vertit; tum domum it.

Übung 29: Lucius quaesivit, num Octavia templum Vestae visitavisset. Octavia rogavit, num ea non familias protegeret. Octavia rogavit, cur ei non gratias ageret.

Übung 30: Lucius scit Octaviam Vestam deam colere. Lucius narrat architectum evanuisse. Octavia respondet se hoc iam audivisse. Lucius cognoscit Octaviam multo proceriorem esse. Octavia respondet eum ubique videre arcana. Lucius sentit iram crescere. Lucius animadvertit nonnullos viros se convertere.

Übung 31: saginaverat; laudaram, spiraris, mandaro, habitarant.

Übung 32: Lucius cum famili**a** cenat. Hodie Marcus frat**er** adest cum liber**is** et uxor**e**. Lucius autem non gaud**et**, quia frater eum semper illud**ere** sole**t**. Lucius mulsum spern**it**, quia *nauseam* e**i** facit. At pater Luci**o** blanditur, cum dic**it** Lucium demonstravisse se plane vir**um** esse. Octavi**a** Luci**um** adhortatur, cum affert prim**am** mens**am**.

Übung 33: Supinum I; steht nach Verben der Bewegung zur Angabe des Zwecks.

Übung 34: Lucius foras **it**. Iam invesperascente **nunc** via multo quietior **est** quam aliis temporibus. Mercatores officinas **clauserunt**; nondum vero curribus mercedes aliaque onera per urbem **vehuntur**. Romani domi aut **cenant** aut iam **dormiunt**. Lucius auram frigidam hauriens **oscitat**. Fortasse melius **est** tandem cubitum ire. Dies **erat** longus. Iam rursus domum intrare **parat**, cum extremis oculis **videt** lucis radium tenuem, qui inter ruinas **micat**. ***Perhorrescit***. Quidnam **est** hoc? Territus ruinam **respicit**.

Übung 35: nullus mendicus, nullius mendici, nulli mendico, nullum mendicum, nullo mendico

Übung 36: Lucius filius Servii Marcelli est. Servius Marcellus in officina laborat. Lutetia et Nestor liberti Marcelli sunt. Octavia ancilla *coquam* familiae adiuvat. Lutetia semper laborare solet.

Übung 37: 1. tenere – tenuisse 2. indicetur – indicatum sit 3. stupuit – stupet

4. erat – fuerat 5. deberet – debuisset 6. traxit – trahit 7. evolvit – evolvit

Übung 38: 1. Warum verläßt Lucius schnell das Esszimmer? Quia frater eum illudit. (Weil sein Bruder ihn verspottet.) 2. Geht er gleich schlafen? Non *statim* it cubitum. (Er geht nicht gleich schlafen.) 3. Wohin geht er, nachdem er das Atrium verlassen hat? It foras. (Er geht nach draußen.)
4. Was sieht er in den Trümmern? Conspicit primo radium lucis, tum figuram viri incurvati. (Er sieht zunächst einen schwachen Lichtstrahl, dann die Gestalt eines gebückten Mannes.) 5. Was verliert der unbekannte Mann in den Trümmern? Amittit *lucernam*. (Er verliert eine Laterne.) 6. Was findet Lucius in den Trümmern? Invenit arcam chartis completam. (Er fndet eine mit Plänen gefüllte Kiste.) 7. Wem zeigt er, was er in den Trümmern gefunden hat? Demonstrat Octaviae. (Er zeigt es Octavia.)

Übung 39: cum+Indikativ (temporale): rein zeitlicher Bezug (alle sind in Aufregung, als Lucius nach Hause kommt). cum+Konjunktiv (narrativum): beide Handlungen stehen in Zusammenhang (Lutetia schreit, weil sie Lucius in die Küche kommen sieht).

Übung 40: 1. Domus ab homine perlustratur. 2. Lutetia a Lucio interrogatur. 3. Nihil a fure raptum est e domo. 4. Fur a Nestore conspectus erat. 5. Pater Lucii a Nestore in officina adiuvatur. 6. Arca a Lucio Octaviae data erat.

Übung 41: isset, expulsa esset, debuisset. Die Formen drücken den Irrealis der Vergangenheit aus.

Übung 42: tota insula, totius insulae, toti insulae, totam insulam, tota insula; totae insulae, totarum insularum, totis insulis, totas insulas, totis insulis. „Unus, solus, totus, ullus, uter, alter, neuter, nullus haben alle –ius in dem zweiten Falle, und im Dativ enden sie stets mit einem langen –i!"

Übung 43: sequor, sequeris, sequitur, sequimur, sequimini, sequuntur; secutus sum, secutus es, secutus est, secuti sumus, secuti estis, secuti sunt

Übung 44: eo, is, it, imus, itis, eunt; ibam, ibas, ibat, ibamus, ibatis, ibant

Übung 45: quibus = eis/iis. Konstruktion: Relativer Satzanschluss.

Übung 46: comitabar, comitabaris, comitabatur, comitabamur, comitabamini, comitabantur; eram, eras, erat, eramus, eratis, erant; spectabar, spectabaris, spectabatur, spectabamur, spectabamini, spectabantur; habebam, habebas, habebat, habebamus, habebatis, habebant

Übung 47: cum inversum; steht mit Indikativ.

Übung 48: piget, paenitet, taedet, miseret; mit Akk. der Person und Gen. der Sache.

Übung 49: natu: Abl. respectus/limitationis; duritia: Abl. instrumentalis/causae; pavore: Ablativus instrumentalis

Übung 50: Adjektive mit der Bedeutung „begierig, kundig, eingedenk, teilhaftig, mächtig, voll" und deren Gegenteile.

Übung 51: permagno: Ablativus pretii; tanti: Genitivus pretii

Übung 52: mulier minor, mulieris minoris, mulieri minori, mulierem minorem, muliere minore; mulieres minores, mulierum minorum, mulieribus minoribus, mulieres minores, mulieribus minoribus

Übung 53: Dativus finalis

Übung 54: 1. Lucius insulam, quae in *charta* descripta erat, quaesivit. 2. Difficile erat in viis, quae male compositae erant, non aberrare. 3. Lucius ante aedificium, quod vehementer deformatum erat, constitit.

Übung 55: volo, vis, vult, volumus, vultis, volunt; volam, voles, volet, volemus, voletis, volent

Übung 56: filius Servii Marcelli; insulas; in descriptionibus/chartis; in colle; ante primam insulam; cum duabus mulieribus; colloqui; alias insulas; magnae et pulchrae; mox corruet; vir; ibi; viro; domum

Übung 57: Reihenfolge: Indikativ/Konjunktiv Präsens, Indikativ/Konjunktiv Imperfekt, Futur I; Indikativ/Konjunktiv Perfekt, Indikativ/Konjunktiv Plusquamperfekt, Futur II; potes, possis, poteras, posses, poteris; potuisti, potueris, potueras, potuisses, potueris; adducit, adducat, adducebat, adduceret, adducet; adduxit, adduxerit, adduxerat, adduxisset, adduxerit; constituo, constituam, constituebam, constituerem, constituam; constitui, constituerim, constitueram, constituissem, constituero

Übung 58: 1. Warum waren alle in Aufregung, als Lucius nach Hause kam? Aliquis domum perfregerat. (Jemand war ins Haus eingebrochen.) 2. Was bietet Lutetia Lucius an, damit er sie nicht nach der sich verspätenden Octavia fragt? Piscem coctum ei praebet. (Sie bietet ihm einen gekochten Fisch an.) 3. Welchen Spruch befolgt die Familie von Lucius? „Apes debemus imitari!" (Die Bienen müssen wir nachahmen!) 4. Was macht eine Muräne? Laniat homines. (Sie zerfleischt Menschen.) 5. Wer hatte ein Becken voller Muränen? Erat Vedio Pollioni. (Vedius Pollio)

Übung 59: Consecutio temporum: Haupttempus im Hauptsatz → bei Gleichzeitigkeit Konj. Präsens, bei Vorzeitigkeit Konj. Perfekt; Nebentempus im Hauptsatz → bei Gleichzeitigkeit Konj. Imperfekt, bei Vorzeitigkeit Konj. Plusquamperfekt

Übung 60: 1. Lucius tussit, cum soleat edere cibos bene *conditos*. (obwohl) 2. *Caupo* risit, cum Lucius anhelaret. (weil) 3. Lucius intravit *cauponam*, cum *solarium* Augusti spectavisset. (nachdem) 4. *Caupo* Lucium adiuvare vult, cum ceteri convivae rideant. (während – adversativ)

Übung 61: videris, videbaris, visus es; petit, petebat, petivit; incipit, incipiebat, coepit; vis, volebas, voluisti; paret, pararet, paraverit; est, erat, fuit; puto, putabam, putavi

Übung 62: Supinum II

Übung 63: 1. Lucius hat unzählige Freunde. (falsch) 2. Lucius schätzt Octavias Meinung hoch. (richtig) 3. Lucius zitiert ein Sprichwort Sallusts über die Freundschaft (falsch) 4. Lucius schämt sich keineswegs über die Worte, die er am Vortag gesagt hat. (falsch) 5. Der Wirt verachtet seinen Freund, weil er sich bei Flavius einschmeichelt. (falsch)
Übung 64: 1. sequi, sequor, secutus sum 2. advertere, adverto, adverti, adversum 3. commovere, commoveo, commovi, commotum 4. comitari, comitor, comitatus sum 5. sumere, sumo, sumpsi, sumptum 6. tollere, tollo, sustuli, sublatum 7. demittere, demitto, demisi, demissum
Übung 65: 1. Flavius incedit turba laeta comitante. 2. Lucius exsiluit caupone clamante. 3. Vestibus depositis omnes lintea sumunt. 4. Omnes Lucio neglecto Flavium commovere conati sunt. 5. Familia Lucii patre laborante non saepe thermas petit. 6. Lucius in *scamno* consedit servis repulsis.
Übung 66: Dativus possessivus
Übung 67: magna, maiore, maxima; crassa, crassiora, crassissima; bonus, melior, optimus; parvis, minoribus, minimis; difficulter, difficilius, difficillime; prudenter, prudentius, prudentissime
Übung 68: Lucius Flavi**o** interrogat**o** nihil se inven**isse** putat. Flavius Luci**um** rog**at**, num velit di**e** proxim**o** venire, ut secum cen**et**. Lucius autem Flavio vale dic**it** et dom**um** it. Putat fortasse null**um** arcan**um** architect**i** esse. Scit: Octavia dom**i** eum exspect**at**. *Statim* ei de civ**e** Roman**o** ill**o** callid**o** narr**abit**, si dom**um** adven**erit**. Subito autem re**m** mir**am** conspicit.
Übung 69: 1. Lucius videt viros semper Flavium comitantes/comitatos. 2. Lucius colloqui voluit de rebus architecto ante mandatis. 3. Vir non iam in murum nixus subito profectus est. 4. Lucius iam fatigatus tamen virum persequitur.
Übung 70: 1. Vir domum Augusti petit. 2. Lucio pedes dolent. 3. Lucius fame magna vexatur. 4. In thermis nihil ederat. 5. Viro consistere non placet. 6. Multis porta Capena nota est.
Übung 71: persequitur; ignorat; dolent pedes; vir; it; post/pone portam via Appia est sita; videt; monumenta; conspectu terretur; nonnullos mercatores; colloquuntur; dubitat; tum; constituit; quid viro in animo sit.
Übung 72: in der Mitte des Mausoleums; ganz oben auf dem Kopf; ins obere Stockwerk des Hauses steigen; die Spitzen der Ohren berühren; die Spitze des Turmes; mit den Fingerspitzen berühren; zur Stadtmitte gehen; am Fuß des Gebirges (=der Berge)
Übung 73: taces: vis, non vis, mavis; potuissem: voluissem, noluissem, maluissem; daremus: vellemus, nollemus, mallemus; erit: volet, nolet, malet; videatis: velitis, nolitis, malitis; habuerunt: voluerunt, noluerunt, maluerunt; putaverit: voluerit, noluerit, maluerit; rogaveras: volueras, nolueras, malueras
Übung 74: 1. Lucius virum rogat, quis sit. 2. Vir rogavit, num Lucius in monu-

mento manere vellet. 3. Lucius e viro quaerit, cur se incluserit. 4. Vir quaesivit, ubi essent descriptiones. 5. Vir rogavit, num Lucius *chartas* abdidisset.

Übung 75: sub ruinis; in quibus; in cubiculo; in ruinis; in via; in domum; sub lectum; in cubiculo; sub lecto.

Übung 76: interrogatur; audiebaris; laudati estis; monitus sim; capti eramus; regatur; ficti essent; vexaremini; visi sunt

Übung 77: iit; interfecisse; potuerit; acti sunt; speravissem; accesseritis; mansero; cucurreramus; delectatus sit; conspecti essetis; ausus es

Übung 78: Lucius **per** vias Romae virum persecutus est. Vir neque **in** *cauponam* iit neque **in** via aliqua constitit, sed **sine** ambagibus **ad** portam Capenam properabat. Tum Lucius **extra** muros **in** monumento Applii inclusus est. Octavia mirata eum quaerit. Ergo domum Flavii petit. **In** horto eius **pone** dumetum se abdit, postquam **de** muro desiluit. Vir crassus **e** domo venit et **cum** alio viro colloquitur.

Übung 79: 1. Octavia zweifelte nicht daran, dass der dünne Mann arm war. 2. Man kann nicht daran zweifeln, dass Octavia große Gefahr drohte. 3. Die Männer wurden nicht daran gehindert, vom Plan des Flavius Gebrauch zu machen. 4. Octavia konnte nicht davon abgehalten werden, Lucius zu suchen. 5. Octavia weigert sich nicht, große Gefahren auf sich zu nehmen.

Übung 80: nox, nocte, noctes, noctium (Mischstämme); puppis, puppi, puppes, puppium (i-Stämme); rex, rege, reges, regum (Konsonantenstämme); conclave, conclavi, conclavia, conclavium (i-Stämme); vestis, veste, vestes, vestium (Mischstämme); crimen, crimine, crimina, criminum (Konsonantenstämme); pauper, paupere, pauperes, pauperum (Konsonantenstämme); deformis, deformi, deformes, deformium (i-Stämme); celerior, celeriore, celeriores, celeriorum (Konsonantenstämme)

Übung 81: 1. Die Männer, die sich im Garten unterhalten, sehen Octavia. (falsch) 2. Flavius hatte den dünnen Mann herbeigerufen, um ihm Neuigkeiten zu berichten. (richtig) 3. Lucius wird im Grabmal der Familie des Flavius eingeschlossen. (falsch) 4. Lucius übergibt dem unbekannten Mann sofort die Pläne. (falsch) 5. Auf die Frage, wer er sei, antwortet der Mann, das sei für Lucius nicht wichtig. (richtig)

Übung 82: longe, longius, longissime; parvam, minorem, minimam; magnis, maioribus, maximis; spurcos, spurciores, spurcissimos; foedi, foediores, foedissimi; male, peius, pessime; deformis, deformioris, deformissime

Übung 83: Vir e *caupona* ex**it**. Ebri**us** est et amphor**am** parv**am** secum fer**t**, quam saepe e sin**u** prom**it**, ut bib**at**. Octavi**ae** tal**es** vir**i** non plac**ent**. Eos foed**os** esse put**at**. Viris ebri**is** appropinquant**ibus** timet. Denique insul**am** fract**am** assequ**untur**. Vir tabern**am** pet**it**, ubi palli**um** scind**ere** incip**it**.

Übung 84: postica pars, posticae partis, posticae parti, posticam partem, postica parte; posticae; partes, posticarum partium, posticis partibus, posticas partes, posticis partibus; conclave parvum, conclavis parvi, conclavi parvo, conclave parvum, conclavi parvo; conclavia parva, conclavium parvorum, conclavibus parvis, conclavia parva, conclavibus parvis

Übung 85: 1. mentiri, mentior, mentitus sum 2. convertere, converto, converti, conversum 3. emittere, emitto, emisi, emissum 4. cedere, cedo, cessi, cessum 5. confugere, confugio, confugi, confugiturus 6. consistere, consisto, constiti 7. sedere, sedeo, sedi, sessum

Übung 86: „Quid erat tibi in animo?" **magna voce dixit**.
„Omnia **fatebor**!" vir macer dixit lingua haesitante.
Tum omnia celeriter **fiebant**. Vigilibus ab Octavia **advocatis** omnes una cum viro, qui insulam incendere **temptaverat**, tum autem erat vinctus, **ad** domum Flavii **adierunt**.

Übung 87: 1. du gehorchst; du mögest bereiten 2. er würde bereiten 3. ihr möget hervorbringen 4. wir gehorchten 5. ich möge hervorbringen; ich werde hervorbringen 6. er gehorchte 7. ich möge gehorchen 8. er wird bereiten 9. er wird hervorbringen

Übung 88: 1. quanto 2. quae 3. totiens 4. ac/atque 5. quam 6. qualis 7. quot 8. ut

Übung 89: 1. oderam 2. meminimus 3. novissetis 4. meminerimus 5. oderit 6. noverint 7. memineris 8. oderit 9. noverim 10. meminerant

Übung 90: 1. genieße! 2. sie haben gezeigt (=demonstraverunt) 3. du wirst angeklagt werden (=accusaberis) 4. antworten; sie haben geantwortet (=responderunt) 5. du wirst getötet werden (=interficieris) 6. sie haben getötet (=interfecerunt) 7. verfolge! 8. sie haben gesagt (=dixerunt)

Übung 91: 1. mentiatur. Wenn Flavius leugnen sollte, dass er Häuser angezündet hat, dann dürfte er wohl lügen. 2. incendisset. Wenn Flavius keine Häuser angezündet hätte, könnte er nun ohne Zögern reden. 3. arderet. Wenn Octavia den Mann nicht geweckt hätte, würde das Haus nun brennen. 4. velit/voluerit. Sollte Octavia Lucius gernhaben, dürfte sie ihn wohl befreien wollen. 5. esset. Wenn Flavius anständig wäre, würde er keine Häuser anzünden.

Übung 92: 1. onus duarum navium 2. sedecim milites 3. quadraginta quattuor vigiles/custodes 4. undenonaginta domus 5. duo milia hominum 6. trecentae viginti sedes 7. septingenti quattuor nummi 8. duodeviginti anni

Übung 93: 1. Octavia non est ancilla Servii Marcelli. 2. Lucius non dubitavit, quin Marcus aemulus sui esset. 3. Ne quaesieris domum Flavii! / Noli quaerere domum Flavii! 4. Nisi Lucius virum persequitur, in monumento non includitur. 5. Octavia domi non mansit, ut Lucium exspectaret. 6. Vir non prohibitus est, quin domum accenderet.

Übung 94: habes: is, fers, fis; venissem: issem, tulissem, factus essem; poneremus: iremus, ferremus, fieremus; sedebit: ibit, feret, fiet; sitis: eatis, feratis, fiatis; iusserunt: ierunt, tulerunt, facti sunt; oblitus erit: ierit, tulerit, factus erit; coeperas: ieras, tuleras, factus eras

Übung 95: 1. Octavia theatro delectatur, vel quia primum eo venit vel quia *histriones* ei placent. 2. Octavia non solum virum prohibere, ne incendat domum, sed etiam Lucium liberare vult. 3. Octavia cum Lucio tum sibi ipsa suscensuit. 4. Et Octavia et vigiles ludo delectantur. 5. Octavia putat aut Flavium aut virum, qui ei nummos exprimere vult, scire, ubi sit Lucius. 6. Lucius neque domi neque cum Flavio est.

Übung 96: „Quid **fit**?" Octavia roga**t**.

Unus ex vigilibus ore ad eam converso „**sedemus**" inquit „et fabulam **spectamus**. Quid enim **faciamus**? Subito a tergo vir quidam **insusurrat** aliquid in aurem Flavii. Difficile non **est**. Antequam **sentit**, quid **agatur**, eum iam **capimus**."

Vigili non satisfactum esse **videtur**. Fortasse **est** iratus, quod finem fabulae exspectare non **potuit/potest**.

Übung 97: 1. Haec est ancilla Servii Marcelli. 2. Hic est liber filii Marcelli. 3. Hae sunt vestes Lucii. 4. Hi sunt *ianitores* Applii. 5. Haec sunt cubicula ancillarum. 6. Hoc est templum Iovis.

Übung 98: 1. Jemand könnte wohl sagen, Lucius sei zu dick. (potential) 2. Octavia hätte dem Mann nicht gesagt, wo die Pläne sind. (irreal) 3. Ich bin vom Weg abgekommen. Da hätte wohl einer glauben können, ich sei dumm. (potential) 4. Octavia würde Kleopos gerne helfen, wenn sie könnte. (irreal)

Übung 99: 1. cuiusdam; 2. iste; 3. aliquis; 4. hic; illum; 5. qui; 6. quisque; 7. quaecumque

Übung 100: 1. du wagtest 2. es wurde gehört 3. wir wagen 4. ihr möget hören 5. sie würden hören 6. er würde wagen 7. du wirst hören 8. er wird wagen 9. er wagte

Übung 101: 1. Octavia maior est quam Lucius. 2. Servus celerius currit quam Lucius. 3. Lucius grammatico docente melius discit quam condiscipuli.

Übung 102: 1. effugere 2. expetunt 3. dat 4. sumere

Übung 103: 1. dies primus 2. annus quartus decimus 3. ordo quinquagesimus tertius 4. vir septingentesimus 5. *lapis* bis millesimus

Übung 104: 1. misi (s-Perfekt) 2. liberavit (v-Perfekt) 3. diximus (s-Perfekt) 4. vidistis (Dehnungsperfekt) 5. respondisti (ohne Stammveränderung) 6. tenuerunt (u-Perfekt) 7. cucurrimus (Reduplikationsperfekt)

Übung 105: 1. agit 2. habet 3. debere 4. refert

Lösungen Abschlusstest

Übung 1: 1. wir mögen bereiten; wir gehorchen 2. die Pläne (Nom./Akk.) 3. die Brände (Nom./Akk.) 4. morgens; bleib! 5. der Durst; des Durstes; ihr möget sein; du hast Durst 6. du wirst beschenkt werden (=donaberis) 7. sie haben gehabt (=habuerunt) 8. durch das Gewicht

Übung 2: 1. Romae saepe incendia oriuntur. 2. Domus cum incensa esset, *statim* arsit. 3. Tota domus combusta est. 4. Architectus domos in chartis describit. 5. Octavia descriptiones in mensa ponit. 6. Lucius cubiculum relinquit et in atrio consistit.

Übung 3: 1. custodum 2. fertis 3. nolebamus 4. descriptiones 5. civibus 6. servi/servo 7. manus 8. audietis 9. domui/domo

Übung 4: 1. Lucius dormiebat, cum repente Nestor clamavit. 2. Lucius *statim* e lecto exsiluit, ut viros adiuvaret. 3. Postea servus Gnaei affirmavit incendium mirum fuisse. 4. Octavia cum primo non crederet arcanum esse, Lucium tamen adiuvabat. 5. Postquam Lucius virum persecutus est, in monumento inclusus est. 6. Quamquam nox iam appropinquabat, Octavia domum reliquit.

Übung 5: 1. Lucium domum non redeuntem Octavia quaerit/cum Lucius domum non redeat, Octavia eum quaerit. 2. Lucius servis repulsis/cum servos repulsisset, in *scamno* consedit. 3. Lucius virum, quem ignorat, persequitur. 4. Flavius virum rogavit, num aliquis eum conspexisset.

5. Octavia non dubitat, quin vir macer improbus sit. 6. Lucius e monumento liberatus/cum e monumento liberatus esset/postquam e monumento liberatus est, Octaviae *statim* gratias egit. 7. Vir non prohibitus est, quin domum intraret. 8. Cleopus timet, ne capitis damnetur. 9. Cleopus e Lucio quaerit, ubi sint descriptiones. 10. Lucio absente/cum Lucius absit, Octavia curis vexatur.

Übung 6: 1. Non est. Lutetia est Galla. 2. Non iam est ancilla Marcelli. Manu missa est. 3. Non licet. 4. Quia indolem artis aurificis non invenit in eo. 5. Aut praefectus vigilum aut princeps ipse eis imperat. 6. Incendia exstinguunt et provident, ne quae oriantur. 7. Voluit necare architectum et Cleopum servum eius. 8. Non est. 9. Ita est./*Certe* gaudet.

Glossar

aculeus, i *m*	Stachel, Spitze
adeps, adipis *m/f*	Fett, Schmalz
aenigma, atis *n*	Rätsel
aenum, i *n*	Kupferkessel
aes alienum	„fremdes Geld" = Schulden
aestimare	achten
alligare	(eine Wunde) verbinden
alveus, i *m*	Becken, Wanne
amplus, a, um	geräumig
asinus, i *m*	Esel
assentator, oris *m*	Jasager, Schmeichler
aulaeum, i *n*	Vorhang
avide	mit großem Appetit
bra(c)chium, i *n*	Arm
cachinnus, i *m*	Kichern, Lachen
caelatura, ae *f*	Kunst des Ziselierens, Toreutik
caenum, i *n*	Schmutz
calamitas, atis *f*	Unglück
carcer, eris *m*	Startbox (für Rennen)
catinus, i *m*/catinum, i *n*	Schüssel, Schale
catulus, i *m*	junger Hund, Welpe
caupo, onis *m*	Wirt
caupona, ae *f*	Wirtshaus
cavillatio, onis *f*	Stichelei
certe	sicherlich
charta, ae *f*	Papyrusrolle
cito	schnell
clavus, i *m*	Nagel
condire	würzen
consuere, consuo, consui, consutum	zusammennähen
consutus	s. consuere
contignatio, onis *f*	Stockwerk
coqua, ae *f*	Köchin
coquere	kochen
corbis, is *m/f*	Korb
craticula, ae *f*	(kleiner) Grillrost
cucullus, i *m*	Kapuze
culina, ae *f*	Küche

culter, tri *m*	Messer
cuppedium, i *n*	Leckerbissen
dolium, i *n*	Faß
exquirere, exquiro, exquisivi	überwachen
exspuere, exspuo, exspui	ausspucken
farcimen, i *n*	Wurst
farcire, farcio, farsi, fartum	stopfen
fartus	s. farcire
ferula, ae *f*	Peitsche
focus, i *m*	Herd
fragor, oris *m*	Krachen
fuligo, inis *f*	Ruß
fumus, i *m*	Rauch
furnus, i m	Ofen
garrulitas, atis *f*	Geschwätzigkeit
glis, gliris *m*	Haselmaus
globosus, a, um	kugelrund
gnomon, onis *m*	Zeiger
gradus, us *m*	Stufe; Pl.: Zopf
gremium, i *n*	Schoß
gustatio, onis *f*	Vorspeise
histrio, onis *m*	Schauspieler
holus, eris *n*	Kohl
ianitor, i *m*	Türhüter
inquietus, a, um	unruhig
interlunium, i *n*	Neumond
labium u. labrum, i *n*	Lippe
lapis, idis *m*	Stein
limus, i *m*	Schlamm
lucerna, ae *f*	Lampe, Laterne
ludus litterarum	Grundschule
luridus, a, um	leichenblass
malleus, i *m*	Hammer
mappa, ae *f*	weißes Tuch
murena, ae *f*	Muräne (Raubfisch)
musca, ae *f*	Fliege
nausea, ae *f*	Übelkeit
nugae, arum *f*	Scherze
obstinatus, a, um	fest entschlossen, hartnäckig
occipitium, i *n*	Hinterkopf

opus tessellatum	Mosaik
oscitare	gähnen
pannus, i *m*	Tuch, Lappen
patina, ae *f*	Schüssel
pavimentum, i *n*	Fußboden
pediculus, i *m*	Laus
perhorrere	zurückschrecken
personatus, a, um	eine Maske tragend
pila, ae *f*	1. Ball; 2. Pfeiler
pistorius, a, um	Back-
pulpa, ae *f*	Fleisch
puteus, i *m*	Brunnen
sagacitas, atis *f*	Scharfsinn, Spürsinn
saginare	mästen
scalae, arum *f*	Leiter, Treppe
scamnum, i *n*	Bank
scintilla, ae *f*	Funke
scissus, a, um	kreischend
semicirculatus, a, um	halbkreisförmig
septentriones, um *m*	der große Wagen (Sternbild im Norden)
sipho, onis *m*	Wasserspritze
situla, ae *f*	Eimer
solarium, i *n*	Sonnenuhr
spongia, ae *f*	Schwamm
sponsio, onis *f*	Wette
stratum, i *n*	Decke
strigilis, is *f*	Schabeisen
statim	sofort
subridere, subrideo, subrisi	lächeln
sudis, is *f*	Pfahl, Stange
suillus, a, um	Schweine-
supercilium, i *n*	Augenbraue
tegula, ae *f*	Ziegel
testa, ae *f*	Tongeschirr, Tontopf
triclinium, i *n*	Speisezimmer
turbare	stören
urna, ae *f*	Krug
ursinus, a, um	Bären-
vagitus, us *m*	Wimmern, Quieken